咬文嚼字文库

咬文嚼字 大赛场

《咬文嚼字》编辑部——编

上海咬文嚼字文化传播有限公司
上海文化出版社

图书在版编目（CIP）数据

咬文嚼字大赛场 / 《咬文嚼字》编辑部编 . -- 上海：
上海文化出版社 , 2022.1（2023.10 重印）
ISBN 978-7-5535-2430-6

Ⅰ.①咬… Ⅱ.①咬… Ⅲ.①汉语－语法分析 Ⅳ.
① H14

中国版本图书馆 CIP 数据核字 (2021) 第 235147 号

咬文嚼字大赛场
《咬文嚼字》编辑部　编

责任编辑：蒋逸征
装帧设计：王怡君

出　　版：上海文化出版社　上海咬文嚼字文化传播有限公司
地　　址：上海市闵行区号景路 159 弄 A 座 2—3 楼
邮　　编：201101
发　　行：上海市闵行区号景路 159 弄 A 座 206 室
印　　刷：浙江天地海印刷有限公司
规　　格：890×1240 1/32
印　　张：7.125
版　　次：2022 年 1 月第 1 版　2023 年 10 月第 3 次印刷
书　　号：ISBN 978-7-5535-2430-6/H.050
定　　价：35.00 元

告读者：如发现本书有印刷质量问题请与印刷厂质量科联系
电　话：0573-85509555

前言

自1995年以来，《咬文嚼字》就开设了一个与读者互动的栏目——《向你挑战》，旨在借助丰富多样的趣味语文题，传播博大精深的汉语汉字知识，展示中华优秀传统的文化魅力与文化智慧。

二十多年来，这个栏目一以贯之，常办常新，颇受读者欢迎。有读者朋友反映，每期刊物到手，首先必看《向你挑战》。

《咬文嚼字大赛场》精选历年《向你挑战》的题目，分为游文戏字、谜海冲浪、妙问巧答、探名十二问、火眼金睛五个部分。

游文戏字部分，以富有设计感的图文题、填空题等为主，形式活泼，创意迭出。

谜海冲浪部分，撷取《咬文嚼字》的趣味谜语，其中《猜一猜唐诗灯谜》与《"元旦"灯谜》的谜题来自《谈联说谜》栏目。

妙问巧答部分，一问一答之间，给予读者有益的知识补充。

探名十二问部分，以"十二问"的形式，分主题探究名称的来历。

火眼金睛部分，每篇文章都精心设计，其中隐藏了许多典型文字差错，即使是从事文字工作的高手，也未必能在短时间内悉数指出。

这五个部分的题目兼具知识性与趣味性，读者朋友若愿意接受挑战，不妨来一场语文知识的比赛。咬文嚼字大赛场，输赢是次要的，重要的是激发语文学习的兴趣，获得知识带来的愉悦与战胜自我的成就感。

"咬文会诤友，嚼字聚知音。"希望大家在这里交到好朋友，赛出好心情！

《咬文嚼字》编辑部

2021年11月

目　录

火眼金睛

戏文字
游

成语山

下面是座成语山，共有五条成语。你能爬上山，把它们一一找出来吗？

独

无 无

番 番 番

通 通 通 通

次 次 次 次 次

欲 欲 欲 欲 欲 欲

情 情 情 情 情 情 情

达 达 达 达 达 达 达 达

空 空 空 空 空 空 空 空 空

室 室 室 室 室 室 室 室 室 室

（童迪 设计）

十二生肖词语填空

下列方块，是按十二生肖排列的。你能在每一空格内填一个字，使每一横行成为一个与该生肖有关的成语或惯用语吗？

鼠

鼠			
	鼠		
		鼠	
			鼠

牛

牛			
	牛		
		牛	
			牛

虎

虎			
	虎		
		虎	
			虎

兔

兔			
	兔		
		兔	
			兔

龙

龙			
	龙		
		龙	
			龙

蛇

蛇			
	蛇		
		蛇	
			蛇

马

马			
	马		
		马	
			马

羊

羊			
	羊		
		羊	
			羊

猴

猴			
	猴		
		猴	
			猴

鸡

鸡			
	鸡		
		鸡	
			鸡

狗

狗			
	狗		
		狗	
			狗

猪

猪			
	猪		
		猪	
			猪

（龙启群 设计）

成语迷宫

　　下面是座成语迷宫。其中有十条成语首尾相接。你能从成语的首字开始,用一条不重复的线把它们串连在一起吗?

天	经	天	冲	飞	一	鸣	惊
人	地	义	走	沙	鬼	神	人
不	义	达	石	破	天	共	灾
容	辞	不	道	乐	惊	怒	苦
久	治	长	安	贫	天	心	良
安	国	天	久	地	动	用	天
居	乐	手	勤	工	以	致	涯
事	业	精	于	俭	学	海	无

(魏敏 设计)

成语妙联

　　成语是祖国语言文化宝库中的璀璨明珠。我们在惊叹其浩瀚丰富、琳琅满目的同时，还会发现一个有趣的现象：有些成语两两相对，妙语天成，犹如莲开并蒂、枝结连理，构成一副副精妙的对联，给人以知识的启迪和艺术的熏陶。亲爱的朋友，你能为下列成语各找出一个对仗工整的成语，组成妙联吗？

1. 瓜熟蒂落（　　　）
2. 守株待兔（　　　）
3. 牵肠挂肚（　　　）
4. 苦中作乐（　　　）
5. 革故鼎新（　　　）
6. 精卫填海（　　　）
7. 卧薪尝胆（　　　）
8. 弃暗投明（　　　）
9. 看风使舵（　　　）
10. 卸磨杀驴（　　　）
11. 绳锯木断（　　　）
12. 开门揖盗（　　　）
13. 狗仗人势（　　　）
14. 色厉内荏（　　　）
15. 胸有成竹（　　　）
16. 望梅止渴（　　　）
17. 继往开来（　　　）
18. 流芳百世（　　　）
19. 锦上添花（　　　）
20. 笨嘴拙舌（　　　）
21. 精雕细刻（　　　）
22. 指鹿为马（　　　）
23. 山珍海味（　　　）
24. 井然有序（　　　）
25. 危如累卵（　　　）

（葛成军　设计）

咬文嚼字从"头"开始

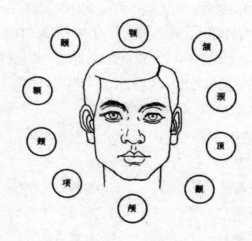

一、"页"的本义是头。以"页"为形符的字,大多与头有关。请用箭头指明上图周围的十个字在图上的准确位置。

二、请为这十个字注上汉语拼音:颚( )、颧( )、颈( )、颊( )、颔( )、颐( )、额( )、顶( )、项( )、颅( )。

三、请说出以上这十个字的意义,并用颚、颧各组一个常用词,颈、颊、颔、颐、额、顶、项、颅各组一个成语。

(宛啸 设计)

成语中的动物

在下面60条成语中，活跃着一只只动物，组成了一座有趣的动物园。请在空格中写出动物的名称和它的读音。

1. 独占（　）头

2. 管中窥（　）

3. 狼（　）为奸

4. 跛（　）千里

5. （　）食鲸吞

6. 投畀（　）虎

7. 噤若寒（　）

8. （　）衣百结

9. 狗尾续（　）

10. 一箭双（　）

11. 初生之（　）

12. 飞（　）投火

13. 龙飞（　）舞

14. 麟凤（　）龙

15. 一丘之（　）

16. 风声（　）唳

17. 哀（　）遍野

18. 杀鸡儆（　）

19. 兔死（　）悲

20. 鸠形（　）面

21. 暴（　）冯河

22. （　）飞蛋打

23. 老（　）伏枥

24. 鹊巢（　）占

25. 白（　）过隙

26. 鬼哭（　）嗥

27. 探（　）得珠

28. 凤毛（　）角

29. 来（　）去脉

30. 指（　）为马

31. 黔（　）技穷

32. 大吹法（　）

33. 倚（　）千言

34. 照（　）画虎

35. 吴（　）喘月

36. （　）程万里

37. 桀（　）吠尧

38. 燕（　）处堂

39. 杯弓（　）影

40. 海市（　）楼

41. 狼奔（　）突

42. 投（　）忌器

43. （　）臂当车

44. 狡（　）三窟

45. 井底之（　）

46. 趋之若（　）

47. 虾兵（　）将

48. 虎背（　）腰

49. （　）雀无声

50. 劳（　）分飞

51. 歧路亡（　）

52. 如（　）附膻

53. （　）营狗苟

54. 得（　）忘筌

55. （　）蚌相争

56. （　）飞鱼跃

57. 心（　）意马

58. （　）头鼠目

59. 行同狗（　）

60. （　）丝马迹

（李永全　设计）

它们怎么叫

请用汉字填出下列动物的叫声:

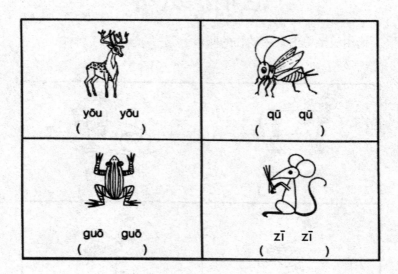

yōu   yōu
(   )

qū   qū
(   )

guō   guō
(   )

zī   zī
(   )

(朱崇　设计)

让你挠头皮的字

现代汉语中的有些字,日常口语中经常用到,但真要动笔写下来,往往会让人挠头皮。不信,现在就来做个试验,你能将下列句子中的汉语拼音都改为汉字吗?

1. 在保险公司任职的美国人沃特曼,接过羽毛笔正欲在合同上签字,谁知滴下几滴墨水,一下子在合同上yīn( )开了。沃特曼只得约好第二天重签,谁知一夜之间,另一家公司抢走了他的生意。这件事促使沃特曼发明了钢笔。

2. 程序很简单,只要把原料放到罐里,加水(少放勤添),置于炉上文火煮烂,即可把汤汁bì( )出来。

3. 还记得当年在小河边,一棵垂柳下放着张桌子。一家人团团围坐,手里拿着烙饼,嘴里suō( )着螺蛳。月光从树丛中洒下来,不时还有萤火虫从桌前飞过。

4.《乞丐王国》昨日首演。当大幕拉开时,一束聚光下,一个衣衫褴褛的老者,正在侧耳倾听,然后狠命xǐng( )了一下鼻涕,大踏步地向西走去。

5.这是一个很精巧的设计。只要在锅底放上一个装置,即使烧的是牛奶,也不会pū( )出来。围观的人无不拍手称善。

6.有一则民间笑话,说的是某人请朋友吃饭,满台子青菜。他对朋友说:"青菜是我的命。"后来朋友回请,台子上除了青菜还有鱼肉。此人一筷子一筷子只jiān（　　）鱼肉，青菜看也不看一眼。朋友问怎么回事，他说："见到鱼肉我命也不要了。"

7. 从窗口望进去，妈妈正在油灯下缝衣服。那一头花白的头发令人心酸。她缝得那么入神，一针一针，突然把线头一dèn（　　），捧起衣服在灯下审视着。

8. 下一个节目已经开始。舞台中央，一个凳子luò（　　）一个凳子，足有三米高。身穿红袄的小演员，正在上面做着飞燕展翅的动作。

9. 终于，小杨老师要睡了。他把衣服一脱，便躺到床上，突然又跳起来，什么东西把他gè（　　）了。这时，窗外响起了咯咯的笑声。

10. 来人是个nàng（　　）鼻子，说话瓮声瓮气。问了半天才知道，原来家乡发大水了，四爷让他来送信的。

（高丛越　设计）

空格填诗

以下三表，每表上下均有十三行，请根据表中已有的数字，选择合适的古人七言诗句逐格填入。诗、词不限，古体、近体也不限，只要是七言即可。

表　一

一						
二						
三						
四						
五						
六						
七						
八						
九						
十						
百						
千						
万						

表　二

				一		
				二		
				三		
				四		
				五		
				六		
				七		
				八		
				九		
				十		
				百		
				千		
				万		

表 三

				一		
				二		
				三		
				四		
				五		
				六		
				七		
				八		
				九		
				十		
				百		
				千		
				万		

(晓津 设计)

巧填成语

以下图形由23条成语组成。除"咬文嚼字"外,每条成语只出现一个字。你能把它们全部填出吗?

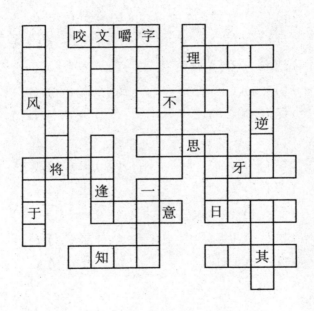

(陈德 设计)

古诗扩成语

下面是唐诗《登鹳雀楼》。请把诗中的每一个字扩展成一条成语。注意：原诗中的字必须在该成语第二字的位置。

（　）白（　）（　）　　　　（　）黄（　）（　）

（　）日（　）（　）　　　　（　）河（　）（　）

（　）依（　）（　）　　　　（　）入（　）（　）

（　）山（　）（　）　　　　（　）海（　）（　）

（　）尽（　）（　）　　　　（　）流（　）（　）

（　）欲（　）（　）　　　　（　）更（　）（　）

（　）穷（　）（　）　　　　（　）上（　）（　）

（　）千（　）（　）　　　　（　）一（　）（　）

（　）里（　）（　）　　　　（　）层（　）（　）

（　）目（　）（　）　　　　（　）楼（　）（　）

（成山　设计）

一份书单

　　以下八本图书，很可惜，每本书的封面上都有别字。"无错不成书"，想不到从面上错起，真是脸面无光啊。亲爱的读者朋友，让我们来为它们洗一把脸吧。

贴春联

春节将临，工会的小王请人写春联，一时匆忙，把上下联全搞乱了。请你帮小王个忙，把上下联都理在一起好吗？

琪花瑶草四时春	万象更新国运昌	化日舒长莺语巧	智水仁山千古秀	春风得意马蹄轻	春风掩映千门柳
天地无私物自春	一枕波涛柳絮风	太平有象人同乐	暖雨催开万户花	百花吐艳春风暖	半窗图画梅花月

（袁春 设计）

众星捧月

请在大圈中填上一个字, 它必须和所有小圈中的字都能组成新字。

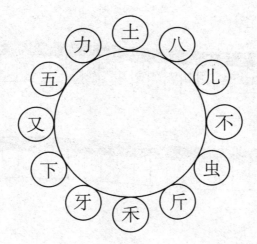

(李坚 设计)

重砌"成语墙"

　　有一道首尾相接的"成语墙"，在施工时给弄乱了。请你在最短的时间里把它按序排好。

月 加 气 交 自 和 从 长 清 平 雨 食 力 天 风 夜 不 久 明 风 其 丽 心 难 日

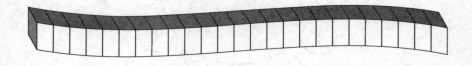

　　　　　　　　　　　　　　（王一川　设计）

水果拼字

　　以下五个盘子里, 放着香蕉、梨和苹果。这三种水果分别代表一个汉字。请问每种水果代表什么汉字时, 每个盘子中的水果都能组成一个新字?

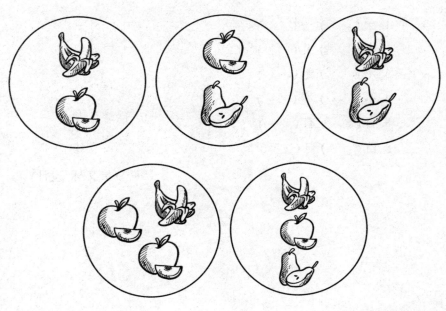

　　　　　　　　　　　　　　　　　　(成中 设计)

成语填字

　　"百战百胜、风言风语、人山人海、相辅相成……"一、三同字,这是成语中的常见格式。请在下列各题的括号内填上适当的字。每题至少填出十条成语。

　　1. 一( )一( )

　　2. 大( )大( )

　　3. 无( )无( )

　　4. 不( )不( )

　　5. 有( )有( )

　　6. 自( )自( )

(吴文标 设计)

说出一百个所以"然"

下列四字结构的词组, 多数是成语, 其中第一个字, 多数是形容词。形容词+后缀"然", 常可充当状语。这是一种很常见的结构形式。你能说出一百个所以"然"吗?

1. (　　) 然而止
2. (　　) 然不屈
3. (　　) 然四顾
4. (　　) 然若失
5. (　　) 然而立
6. (　　) 然拒绝
7. (　　) 然无声
8. (　　) 然长逝
9. (　　) 然于心
10. (　　) 然不同
11. (　　) 然前行
12. (　　) 然大波
13. (　　) 然可亲
14. (　　) 然从事
15. (　　) 然俯允
16. (　　) 然成风
17. (　　) 然自在
18. (　　) 然无味
19. (　　) 然而至
20. (　　) 然而去
21. (　　) 然作色
22. (　　) 然可怖
23. (　　) 然自若
24. (　　) 然在目
25. (　　) 然无恙
26. (　　) 然大怒
27. (　　) 然痛哭
28. (　　) 然大物
29. (　　) 然无声
30. (　　) 然泪下

31. （　　）然耸立　　　　　51. （　　）然置之
32. （　　）然命笔　　　　　52. （　　）然而视
33. （　　）然失笑　　　　　53. （　　）然不安
34. （　　）然而生　　　　　54. （　　）然大开
35. （　　）然出众　　　　　55. （　　）然挺立
36. （　　）然若揭　　　　　56. （　　）然而卧
37. （　　）然纸上　　　　　57. （　　）然费神
38. （　　）然视之　　　　　58. （　　）然春意
39. （　　）然成家　　　　　59. （　　）然直立
40. （　　）然露齿　　　　　60. （　　）然无存
41. （　　）然一笑　　　　　61. （　　）然心动
42. （　　）然涕下　　　　　62. （　　）然不顾
43. （　　）然决然　　　　　63. （　　）然入云
44. （　　）然从风　　　　　64. （　　）然作云
45. （　　）然不乐　　　　　65. （　　）然下雨
46. （　　）然处之　　　　　66. （　　）然有别
47. （　　）然不解　　　　　67. （　　）然无主
48. （　　）然起敬　　　　　68. （　　）然入梦
49. （　　）然神伤　　　　　69. （　　）然叹息
50. （　　）然物外　　　　　70. （　　）然无语

71. (　　) 然如故　　　　86. (　　) 然相对

72. (　　) 然自得　　　　87. (　　) 然而从

73. (　　) 然惊魂　　　　88. (　　) 然作响

74. (　　) 然离去　　　　89. (　　) 然一身

75. (　　) 然入醉　　　　90. (　　) 然分开

76. (　　) 然天成　　　　91. (　　) 然回首

77. (　　) 然悔悟　　　　92. (　　) 然不顾

78. (　　) 然而返　　　　93. (　　) 然一新

79. (　　) 然挑衅　　　　94. (　　) 然正气

80. (　　) 然入目　　　　95. (　　) 然开朗

81. (　　) 然大笑　　　　96. (　　) 然大悟

82. (　　) 然有序　　　　97. (　　) 然成章

83. (　　) 然长叹　　　　98. (　　) 然冰释

84. (　　) 然不动　　　　99. (　　) 然出走

85. (　　) 然有声　　　100. (　　) 然醒悟

(关融 设计)

组装成语

下列皆为成语用字。每个字均可重复使用。请问你能组装成多少条成语?

不	■	入	非	■	经
之	先	荒	■	异	容
■	想	■	纬	■	小
辞	■	义	老	同	■
开	■	可	■	诞	口
■	地	毛	天	声	■

(关仁山 设计)

谈"天"说"地"

请在下列成语中填上合适的字。

1. ( ) 天雪地

2. ( ) 天动地

3. ( ) 天辟地

4. ( ) 天福地

5. ( ) 天纬地

6. ( ) 天席地

7. ( ) 天抢地

8. ( ) 天斗地

9. ( ) 天立地

10. ( ) 天覆地

11. ( ) 天换地

12. ( ) 天酒地

13. ( ) 天黑地

14. ( ) 天盖地

15. ( ) 天说地

16. ( ) 天悯地

17. ( ) 天揭地

18. ( ) 天喜地

19. 天高地 ( )

20. 天旋地 ( )

21. 天崩地 ( )

22. 天造地 ( )

23. 天翻地 ( )

24. 天寒地 ( )

25. 天诛地 ( )

26. 天南地 ( )

27. 天荒地 ( )

28. 天罗地 ( )

29. 天昏地 ( )

30. 天悬地 ( )

31. 天公地 ( )

32. 天经地 ( )

33. 天圆地 ( )

34. 天长地 ( )

35. 天覆地 ( )

36. 天差地 ( )

(李燕 设计)

《游文戏字》参考答案

成语山

独一无二、三番五次、四通八达、七情六欲、十室九空。

十二生肖词语填空

鼠目寸光	牛刀小试	虎口余生
投鼠忌器	汗牛充栋	调虎离山
獐头鼠目	鸡口牛后	狐假虎威
胆小如鼠	目无全牛	藏龙卧虎
兔死狗烹	龙飞凤舞	蛇蝎心肠
狡兔三窟	画龙点睛	画蛇添足
乌飞兔走	老态龙钟	杯弓蛇影
守株待兔	叶公好龙	打草惊蛇
马不停蹄	羊质虎皮	猴年马月
快马加鞭	亡羊补牢	沐猴而冠
车水马龙	狼贪羊狠	尖嘴猴腮
塞翁失马	歧路亡羊	杀鸡儆猴

鸡鸣狗盗　　　狗尾续貂　　　猪狗不如

杀鸡取卵　　　打狗看主　　　杀猪宰羊

鹤立鸡群　　　狐群狗党　　　凤头猪肚

呆若木鸡　　　偷鸡摸狗　　　蠢笨如猪

成语迷宫

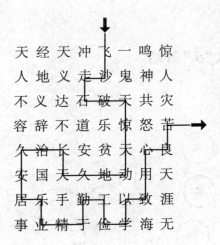

成语妙联

1.水到渠成　　　4.忙里偷闲　　　7.破釜沉舟

2.缘木求鱼　　　5.激浊扬清　　　8.改邪归正

3.提心吊胆　　　6.愚公移山　　　9.顺水推舟

10.过河拆桥　　16.画饼充饥　　22.点石成金

11.水滴石穿　　17.承前启后　　23.粗茶淡饭

12.引狼入室　　18.遗臭万年　　24.杂乱无章

13.狐假虎威　　19.雪中送炭　　25.固若金汤

14.外强中干　　20.伶牙俐齿

15.目无全牛　　21.粗制滥造

咬文嚼字从"头"开始

一、

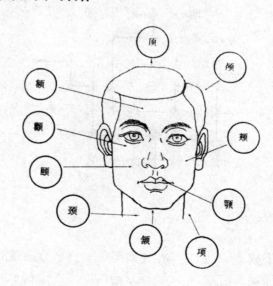

二、颚（è）、颧（quán）、颈（jǐng）、颊（jiá）、颔（hàn）、颐（yí）、额（é）、顶（dǐng）、项（xiàng）、颅（lú）。

三、颚：口腔的上壁，分隔口腔和鼻腔的组织。软颚。

颧：眼睛下面两腮上突出的颜面骨。颧骨。

颈：头和躯干相连接的部分。刎颈之交。

颊：脸的两侧从眼到下颌的部分。齿颊留香。

颔：下巴。颔下之珠。

颐：颊，腮。一说下巴。颐指气使。

额：眉毛和头发之间的部分。额手称庆。

顶：头的最上端。顶礼膜拜。

项：颈的后部。望其项背。

颅：头盖骨（头的上部，包括头骨和脑）。方趾圆颅。

成语中的动物

1.鳌（áo）
2.豹（bào）
3.狈（bèi）
4.鳖（biē）
5.蚕（cán）
6.豺（chái）
7.蝉（chán）
8.鹑（chún）
9.貂（diāo）
10.雕（diāo）
11.犊（dú）
12.蛾（é）
13.凤（fèng）
14.龟（guī）
15.貉（hé）

16.鹤（hè）　　31.驴（lú）　　46.鹜（wù）

17.鸿（hóng）　32.螺（luó）　47.蟹（xiè）

18.猴（hóu）　　33.马（mǎ）　　48.熊（xióng）

19.狐（hú）　　34.猫（māo）　49.鸦（yā）

20.鹄（hú）　　35.牛（niú）　50.燕（yàn）

21.虎（hǔ）　　36.鹏（péng）　51.羊（yáng）

22.鸡（jī）　　37.犬（quǎn）　52.蚁（yǐ）

23.骥（jì）　　38.雀（què）　53.蝇（yíng）

24.鸠（jiū）　　39.蛇（shé）　54.鱼（yú）

25.驹（jū）　　40.蜃（shèn）　55.鹬（yù）

26.狼（láng）　41.豕（shǐ）　56.鸢（yuān）

27.骊（lí）　　42.鼠（shǔ）　57.猿（yuán）

28.麟（lín）　　43.螳（táng）　58.獐（zhāng）

29.龙（lóng）　44.兔（tù）　　59.彘（zhì）

30.鹿（lù）　　45.蛙（wā）　　60.蛛（zhū）

它们怎么叫

哞哞、咩咩、嘎嘎、喔喔、吠吠、喵喵、呦呦、喞喞、唧
唧、吱吱

让你挠头皮的字

1. yīn（洇）　　　6. jiān（搛）

2. bì（滗）　　　7. dèn（扽）

3. suō（嗍）　　　8. luò（摞）

4. xǐng（擤）　　　9. gè（硌）

5. pū（潽）　　　10. nàng（齉）

空格填诗

表一	表二
一将功成万骨枯	长笛一声人倚楼
二月山城未见花	雍州二月梅池春
三春白雪归青冢	洛阳三月花似锦
四天净色寒如水	眼见四朝全盛时
五更风水失龙鳞	传道五原烽火急
六朝如梦鸟空啼	此日六军同驻马
七岁侍行湖外去	别来七度换春风
八月夜长乡思切	胡天八月即飞雪
九月寒砧催木叶	故友九泉留语别
十年云外醉中身	敢将十指夸纤巧
百年如梦竟何成	闻道百城新佩印
千树蝉声落日中	白云千载空悠悠
万里寒光生积雪	长驱万里耆祁连

表 三

树里南湖一片明
霜叶红于二月花
青草浪高三月渡
干戈寥落四周星
破窗闻雨五更初
禾黍高低六代宫
青牛白马七香车
送君别有八月秋
江流曲似九回肠
江湖夜雨十年灯
禹庙空山百草香
蓝水远从千涧落
寂寂长江万里流

说明：《空格填诗》不止一种答案，这里选登的只是其中的一种，供读者参考。

下面将以上三表中的三十九句诗的朝代、作者和篇名，附录于后。

表一

唐曹松《己亥岁》；

宋欧阳修《戏答元珍》；

唐柳中庸《征人怨》；

唐徐凝《八月灯夕寄游越施秀才》；

唐张曙《下第戏状元崔昭纬》；

唐韦庄《台城》；

唐郑谷《卷末偶题》；

唐韩偓《中秋寄杨学士》；

唐沈佺期《古意呈补阙乔知之》；

唐陆龟蒙《丁香》；

唐李涉《题涧饮寺》；

唐戴叔伦《题友人山居》；

唐祖咏《望蓟门》。

表二

唐赵嘏《长安晚秋》；

唐李贺《酬答》；

宋刘克庄《莺梭》；

宋邵雍《插花吟》；

唐贾至《出塞曲》；

唐李商隐《马嵬》；

唐白居易《微之就拜尚书居易续除刑部因书贺意兼咏离怀》；

唐岑参《白雪歌送武判官归京》；

唐卢纶《题念济寺》；

唐秦韬玉《贫女》；

唐王维《既蒙宥罪旋复拜官伏感圣恩窃书鄙意兼奉简新除使君等诸公》；

唐崔颢《黄鹤楼》；

唐骆宾王《从军中行路难》。

表三

唐张说《邕湖山寺》；

唐杜牧《山行》；

唐张泌《洞庭阻风》；

宋文天祥《过零丁洋》；

唐黄滔《客舍秋晚夜怀故山》；

唐许浑《金陵怀古》；

唐卢照邻《长安古意》；

唐李白《送别》；

唐柳宗元《登柳州城楼寄漳汀封连四州》；

宋黄庭坚《寄黄几复》；

宋陆游《安流亭俟客不至独坐成咏》；

唐杜甫《九日蓝田崔氏庄》；

唐张祜《胡渭州》。

巧填成语

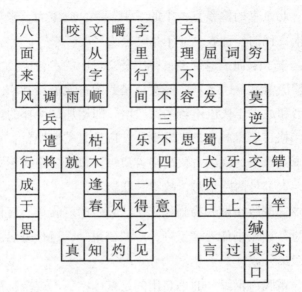

古诗扩成语

不白之冤	青黄不接	人欲横流	三更半夜
计日程功	江河日下	山穷水尽	七上八下
依依不舍	量入为出	大千世界	说一不二
拔山扛鼎	沧海横流	百里挑一	层层叠叠
苦尽甘来	中流砥柱	过目成诵	琼楼玉宇

一份书单

1. 《北京耒的检察官》中的"耒"字，应该为"耒"。耒，音lěi，指古代的一种农具，不是"来去"的"来"。

2. 《朱子家训·道德经·曾广贤文》中的"曾广贤文"，应该为"增广贤文"。《增广贤文》是我国古代流传甚广的蒙学读本，作者和成书年代已不可考。"增"即增加、增补的意思。

3. 《格言联壁》中的"联壁"，应该是"联璧"，意思即并列的美玉。该书是我国古代的格言集锦，每一条格言形式上都比较整齐，大都是两两相对，故曰"联璧"。

4. 《民国版雀巢人物画稿三千法》中的"雀巢"应该为"隺(hè)巢"。该书作者王云轩，号"鹤巢"，近代著名画家，常署名"隺巢"。

5. 《電腦啓示録》的书名用的是繁体字，不规范，应该用简化字；"啓"字是错字，"启"正确的繁体字是"啓"。

6. 《亲合力》中的"亲合"应该是"亲和"，"亲和力"是两种或两种以上的物质结合成化合物时相互作用的力。歌德自己说，他正是用这一化学名词给小说命名的。

7. 《蒙学精萃钢笔楷书字帖·四书》中的"精萃"应该是"精粹"，意为精华。

8. 《官场现行记》中"现行"应是"现形"，意为现出原形。该书是清人李宝嘉撰写的一部讽刺官场腐败、揭露官场丑恶的小说。

贴春联

(右为上联，左为下联)

天地无私物自春　　太平有象人同乐　　一枕波涛柳絮风　　半窗图画梅花月　　暖雨催开万户花　　春风掩映千门柳

万象更新国运昌　　百花吐艳春风暖　　琪花瑶草四时春　　智水仁山千古秀　　化日舒长莺语巧　　春风得意马蹄轻

众星捧月

大圈中应填上"口"字。"口"与小圈中的字组成的新字分别为：

吐、叭、兄、否、虽、听、和、呀、吓、叹、吾、加

重砌"成语墙"

水果拼字

香蕉代表"立"字，苹果代表"日"字，梨代表"十"字。

拼成的五个字依次为：音、早、辛、暗、章

成语填字

1. 一五一十、一心一意、一板一眼、一张一弛、一言一行、一朝一夕、一颦一笑、一唱一和、一举一动、一饮一啄；

2. 大手大脚、大彻大悟、大吹大擂、大吉大利、大仁大义、大是大非、大恩大德、大摇大摆、大模大样、大慈大悲；

3. 无法无天、无休无止、无穷无尽、无边无际、无声无息、无拘无束、无大无小、无忧无虑、无依无靠、无缘无故；

4. 不三不四、不偏不倚、不卑不亢、不伦不类、不折不扣、不知不觉、不屈不挠、不衫不履、不闻不问、不骄不躁；

5. 有血有肉、有板有眼、有声有色、有条有理、有始有终、有胆有识、有凭有据、有典有则、有枝有叶、有情有义；

6. 自由自在、自生自灭、自吹自擂、自私自利、自作自受、自言自语、自怨自艾、自给自足、自高自大、自暴自弃。

说出一百个所以"然"

1.（戛）然而止　　21.（愀）然作色　　41.（粲）然一笑

2.（凛）然不屈　　22.（森）然可怖　　42.（泫）然涕下

3.（茫）然四顾　　23.（坦）然自若　　43.（毅）然决然

4.（怅）然若失　　24.（宛）然在目　　44.（翕）然从风

5.（屹）然而立　　25.（安）然无恙　　45.（怏）然不乐

6.（断）然拒绝　　26.（勃）然大怒　　46.（泰）然处之

7.（寂）然无声　　27.（惨）然痛哭　　47.（惘）然不解

8.（溘）然长逝　　28.（庞）然大物　　48.（肃）然起敬

9.（了）然于心　　29.（悄）然无声　　49.（黯）然神伤

10.（迥）然不同　　30.（潸）然泪下　　50.（超）然物外

11.（奋）然前行　　31.（巍）然耸立　　51.（淡）然置之

12.（轩）然大波　　32.（欣）然命笔　　52.（昂）然而视

13.（蔼）然可亲　　33.（哑）然失笑　　53.（惶）然不安

14.（贸）然从事　　34.（油）然而生　　54.（洞）然大开

15.（慨）然俯允　　35.（崭）然出众　　55.（傲）然挺立

16.（蔚）然成风　　36.（昭）然若揭　　56.（弛）然而卧

17.（悠）然自在　　37.（跃）然纸上　　57.（枉）然费神

18.（索）然无味　　38.（漠）然视之　　58.（盎）然春意

19.（翩）然而至　　39.（卓）然成家　　59.（矗）然直立

20.（飘）然而去　　40.（嫣）然露齿　　60.（荡）然无存

61.（怦）然心动　　75.（陶）然入醉　　89.（孑）然一身

62.（全）然不顾　　76.（浑）然天成　　90.（截）然分开

63.（耸）然入云　　77.（幡）然悔语　　91.（蓦）然回首

64.（油）然作云　　78.（废）然而返　　92.（悍）然不顾

65.（沛）然下雨　　79.（公）然挑衅　　93.（焕）然一新

66.（判）然有别　　80.（赫）然入目　　94.（浩）然正气

67.（爽）然无主　　81.（哄）然大笑　　95.（豁）然开朗

68.（酣）然入梦　　82.（井）然有序　　96.（恍）然大悟

69.（颓）然叹息　　83.（喟）然长叹　　97.（斐）然成章

70.（凄）然无语　　84.（岿）然不动　　98.（涣）然冰释

71.（依）然如故　　85.（铿）然有声　　99.（愤）然出走

72.（怡）然自得　　86.（默）然相对　　100.（猛）然醒悟

73.（悚）然惊魂　　87.（靡）然而从

74.（悻）然离去　　88.（轰）然作响

组装成语

1.异想天开　　5.非同小可　　9.不毛之地

2.经天纬地　　6.想入非非　　10.天地不容

3.天经地义　　7.荒诞不经　　11.异口同声

4.地老天荒　　8.义不容辞

谈"天"说"地"

1. （冰）天雪地
2. （惊）天动地
3. （开）天辟地
4. （洞）天福地
5. （经）天纬地
6. （幕）天席地
7. （呼）天抢地
8. （战）天斗地
9. （顶）天立地
10. （翻）天覆地
11. （改）天换地
12. （花）天酒地
13. （昏）天黑地
14. （铺）天盖地
15. （谈）天说地
16. （悲）天悯地
17. （掀）天揭地
18. （欢）天喜地
19. 天高地（厚）
20. 天旋地（转）
21. 天崩地（裂）
22. 天造地（设）
23. 天翻地（覆）
24. 天寒地（冻）
25. 天诛地（灭）
26. 天南地（北）
27. 天荒地（老）
28. 天罗地（网）
29. 天昏地（暗）
30. 天悬地（转）
31. 天公地（道）
32. 天经地（义）
33. 天圆地（方）
34. 天长地（久）
35. 天覆地（载）
36. 天差地（别）

谜海冲浪

半句唐诗

　　某年冬天，苏东坡和诗友袁公济踏雪赏景。两人站在一座桥上，向前方望去，只见白茫茫一片，大道小埂，不见一个行人。

　　袁公济忽然来了兴致，出了一条谜语，让苏东坡猜。他的谜面是：雪径人踪灭。这是从柳宗元的"万径人踪灭"化出的，要求猜半句七言唐诗。

　　苏东坡暗自思忖，一时想不出谜底。正在窘困间，只见一群觅食的山雀冲天飞去，他顿觉豁然开朗，胸有成竹地说道："公济，我也有一谜：雀飞入高空。同样猜半句七言唐诗，把你那半句补齐吧。"

　　袁公济一听，哈哈大笑："佩服，佩服！"原来苏东坡不仅猜出了谜底，还非常聪明地"和"了一谜。

　　你能猜出这两条谜语的谜底吗？

（黄炳麟　设计）

有趣的灯谜

　　元宵佳节，学校组织了热闹的灯谜大会。小明提了一盏可爱的兔子灯，上面有一条字谜：

两个幼儿去爬山，

没有力气上山巅，

回家又怕爹娘骂，

躲在山中不回还。

　　小惠读了兔子灯上的字谜后，对小明说："这条谜语设计得真形象！你也猜猜我出的谜。"小惠提着的是一盏荷花灯，上面也有一条字谜：

一条小船两根桅，

九只燕子天上飞，

六只停在桅杆上，

三只落在船头尾。

　　两条灯谜各打一个字，你猜出来了吗？

（晓瑶　设计）

读联猜谜

请你来猜一猜，上下联各打一字。

一
匠心独运棋过半
榜首高悬月正圆

二
左武右文齐跨马
先人后己共登舟

三
穿行铁路须防跌
走出崎岖可急驰

四
山边常聚三分水
画里也含一半诗

五
上得街头还要走
闯出门外又回来

六
一人独唱不开口
两个同来有笑声

七
蛇过滩头虫避走
鸡来村里鸟惊飞

八
城墙垛上重重叠
杨柳梢头叠叠重

(熊晋勋 设计)

请你来猜字谜

以下六副对联为谜面，上下联各打一字。

一

行车出库加油后
来客登门脱帽时

二

人人合力埋头干
个个当先跃马来

三

山上有山顶上小
水边加水后边多

四

池里游来也游去
堂前飞去又飞回

五

人行河畔不沾水
马入岖途终出山

六

半首新词一川水
一轮满月半阶花

(熊晋勋 设计)

填成语，猜谜语

在下列成语的空格中，填入适当的字，所填的字连起来是一句唐诗，并用这句唐诗作为谜面猜谜：第一句猜四字口语，第二句猜四字成语，第三句猜商代人名，第四句猜四字成语。

一、□焉不详　□能自已　□弓之鸟　□心向背
　　□不旋踵　□一而足　□戚与共

二、无所不□　□机云锦　天从人□　□壁上观
　　鳞次栉□　□然自来　□尽弓藏

三、□少离多　□眉交白　□泻千里　□糟亦醉
　　□缄其口　□步穿杨　□盘狼藉

四、□起彼伏　□径通幽　□争朝夕　□接不暇
　　□作之合　□行下效　□征无战

(郑潜　设计)

字谜五则

以下四则谜语，各打一个字，请你来猜猜。

一

一块豆腐切四块，
放在锅里盖上盖。

二

上面是三画，
下面是三画；
上面三画小，
下面三画大。

三

老大老二和老三，
弟兄三个叠罗汉；
上面哥哥下面弟，
老二一人立中间。

四

廿路电车，
开到北站门口，
当！当！当！当！

五

去掉左边是树，
去掉右边是树，
去掉中间是树，
留中间还是树。

(李坚 设计)

由诗句猜诗题

碧玉妆成一树高，

万条垂下绿丝绦。

不知细叶谁裁出，

二月春风似剪刀。

这首唐代大诗人贺知章写的《咏柳》，全诗四句，句句写"柳"，而又全然不露一个"柳"字，真是别具韵味，耐人咀嚼。像这样有意地避开诗题的写法，叫作"不犯题"，不犯题的诗就是"避题诗"。有趣的是，许多"避题诗"其实可以当成"谜语诗"。我们不妨将其诗句看作"谜面"，诗题就是"谜底"。

有首"避题诗"写得情真意切、感人肺腑，读来催人泪下：

在娘家绿鬓婆娑，

到婆家青少黄多。

不提起倒也罢了，

一提起泪洒江河。

诗句韵味隽永，仿佛一个在旧社会里受尽虐待、满腹苦水的童养媳，声泪俱下地诉说她那悲惨身世。但是，只要仔细琢磨一下，还是能想到这里写的是撑船用的"竹篙"。你看，它被砍伐前生长在竹林中，不正是"绿鬓婆娑"？而后经刀削火烤制成竹篙，岂不是"青少黄多"？撑船入水时自然不滴水，而提起竹篙时水哗哗地往下滴，真是"泪洒江河"啊！形象逼真、惟妙惟肖，诗中的意象与童养媳的遭遇十分吻合，情真意切，具有强烈的感染力。这是"谜语诗"的又一特色，也正是其魅力所在。黑格尔说："艺术最杰出的本领就是想象。"写诗作文都离不开"想象"，我们赏析"避题诗"，不仅能提高读写水平，而且有助于想象力的开发。

下面撷选几首"避题诗"，请大家说出它们的诗题即谜底来。

一

半烟半雨江桥畔，

映杏映桃山路中。

会得离人无限意，

千丝万絮惹春风。

二

雨打灯难灭，

风吹色更明。

若飞天上去，

定作月边星。

53

三

解落三秋叶，
能开二月花。
过江三尺浪，
入竹万竿斜。

四

远看山有色，
近听水无声。
春去花还在，
人来鸟不惊。

五

吾家有郎瘦如柴，
若要体胖甘霖来。
无奈把柄落人手，
一朝提起泪满腮。

（傅望华 设计）

趣谜乐园

1.未雨绸缪（打二字动词一）

2.读错了字（打二字戏剧名词一）

3.资金必须流通（打四字近代史名词一）

4.元明刻本（打三字影视用语一）

5.治水（打文具一）

6.晨起听语（打央视栏目一）

7.尺子背面无刻度（打三字新词语一）

8.消灭赤字（打国名一）

9.蛛网尽除（打四字成语一）

10.忽见陌头杨柳色（打二字称谓一）

11.剧团木工（打四字成语一）

12.路牌（打四字成语一）

13.钻研《道德经》（打二字新词语一）

14.长春旅客空中留影（打四字成语一）

15.顾炎武归隐（打四字成语一）

16.开口求人（打酒名一）

17.烟龄（打三字口语一）

18.会见拥趸（打食品一）

（尧文 设计）

猜一猜唐诗灯谜

多姿多彩、脍炙人口的唐诗，给撰制灯谜的人提供了取之不竭的素材，"唐诗灯谜"成了人们爱制喜猜的热门谜种。江更生先生曾为《咬文嚼字》撰写《唐诗灯谜琐谈》一文，文中介绍了不少唐诗灯谜，你能一一猜出谜底吗？

1. 张翼德调查户口（打七言唐诗一句）
2. 蜜月旅行（打五言唐诗一句）
3. 消费查账单（打五言唐诗一句）
4. 自称迷上余叔岩（打五言唐诗一句）
5. 两部大片捧红了一位导演和两位明星（打五言唐诗一句）
6. 床前明月光（打七笔字一）
7. 昨日之日不可留（打非洲国名一）
8. 门前冷落车马稀（打大型飞行器简称一）
9. 劝君更尽一杯酒（打外国地名一）
10. 雪拥蓝关马不前（打肉质食品一）
11. 两岸猿声啼不住，轻舟已过万重山（打物理名词二）
12. 天下谁人不知君（打中国地名二）

（尧文 设计）

"元旦"灯谜

元旦是一年最早的佳节，刘茂业先生曾在《咬文嚼字》上发表《"元旦"灯谜》一文，介绍了一些沾有新年气氛的趣谜，请你也来猜一猜。

1. 园墙四面开，但无人进来（打一节日名）
2. 公历元旦（打广西地名一）
3. 元旦后开张（打集邮名称一）
4. 元旦前后共相聚（打字一）
5. 元旦（打成语一）

（尧文 设计）

《谜海冲浪》参考答案

半句唐诗

所谓"半句七言唐诗",既不是三个字,也不是四个字,而是三个半字。两条谜语的谜底合在一起,是"一行白鹭上青天"。"雪径人踪灭"猜前三个半字:一行白路;"雀飞入高空"猜后三个半字:鸟上青天。

有趣的灯谜

幽、悲

读联猜谜

一、斯、膀

二、骜、舱

三、铬、衾

四、汕、畴

五、徒、驭

六、倡、天

七、沱、树

八、垚、森

请你来猜字谜

一、庙、阁

二、坐、笃

三、岳、冰

四、涞、圣

五、何、驱

六、训、荫

填成语，猜谜语

一、语焉不详　不能自已　惊弓之鸟　人心向背　死不旋踵
不一而足　休戚与共
语不惊人死不休　猜四字口语（白费心思）

二、无所不在　天机云锦　天从人愿　作壁上观　鳞次栉比
翼然自来　鸟尽弓藏
在天愿作比翼鸟　猜四字成语（浮想联翩）

三、会少离多　须眉交白　一泻千里　饮糟亦醉　三缄其口
百步穿杨　杯盘狼藉
会须一饮三百杯　猜商代人名（比干）

四、此起彼伏　曲径通幽　只争朝夕　应接不暇　天作之合
上行下效　有征无战
此曲只应天上有　猜四字成语（不同凡响）

字谜五则

一、画

二、尖

三、奈

四、燕

五、彬

由诗句猜诗题

一、柳

二、萤

三、风

四、画

五、伞

趣谜乐园

1. 干预（注：别解为"在没有下雨时预备"）

2. 念白（注：别解为"白字"）

3. 洋务运动（注：洋，别解为"钱"）

4. 高清版（注：别解为"高于清代的版本"）

5. 修正液

6. 《朝闻天下》（注：天下，别解为"天上下雨"）

7. 正能量（注：别解为"正面可以量尺寸"）

8. 不丹（注：别解为"不出现红字"）

9. 一丝不挂（注：丝，别解为"蛛丝"）

10. 知青

11. 班门弄斧（注：班，别解为"戏班"）

12. 文以载道（注：文，文字；载，记；道，路）

13. 啃老（注：老，别解为《老子》，即《道德经》的简称）

14. 吉人天相（注：别解为"吉林人在天空照相"）

15. 息事宁人（注：明末清初顾炎武，字宁人）

16. 白干（注：白，别解为"说"；干，作"干求"解）

17. 抽时间（注：抽，别解为"抽烟"）

18. 面粉（注：别解为"面见""粉丝"）

猜一猜唐诗灯谜

1. 飞入寻常百姓家（注：飞，作三国人名"张飞"解；张飞，字翼德）

2. 此去随所偶（注：偶，别解为"配偶"）

3. 花落知多少

4. 吾爱孟夫子（注：京剧老生流派"余派"的创始人余叔岩有位得意的女弟子孟小冬，戏迷们誉其为"冬皇"；"夫子"

在此别解为"老师")

5. 对影成三人（注：别解为"两部影片成就三个人"）

6. 旷（注："床前"为"广"；"明月光"为"日"）

7. 乍得（注：别解为"可得一'乍'字"）

8. 空客（注：别解为"空缺的是宾客"）

9. 巴尔干（注：别解为"巴望你干掉这杯酒"）

10. 冻蹄

11. 共鸣、速度

12. 大名、常熟

"元旦"灯谜

1. 元旦（注："园"字外面的"口"像墙一样都打开，就只剩下中间的"元"；"但"字无"人"成为"旦"）

2. 阳朔（注："公历"是一种阳历，"元旦"本为大年初一，扣"朔"）

3. 首日封（注："第一天是封闭的"）

4. 其（注："元旦"两字的前和后是两个"一"，将它们与"共"再聚合，便成了"其"字）

5. 有朝一日（注："元"别解为"元朝"）

妙问巧答

二王

下面是两个王字。请分别加上两笔，变成两个音同义异的字。

(林良雄 设计)

读不通的诗

下面是首诗。按常规读法，是读不通的，但你是位聪明的读者，一定会发现其中的奥妙。

读不通

明	如	火	照	当
聪	日	年	夏	空
非	赤	今	天	偷
若	同	不	大	闲
句	转	旋	出	写

(雪心 设计)

鸿华楼的菜单

小王宴请老同学, 到鸿华楼饭店订了一桌。饭店经理热情帮他配菜, 并送上菜单请他过目。在这份菜单中, 有一些餐饮业的习惯性别字, 您能把它们一一找出来吗?

菜单

冷盘: 葱油海蜇、蜜汁小扒、芫须鸭掌、四喜烤夫、酸辣缸豆、松脆罗卜、油闷笋、凉拌乌苣笋

热菜: 碗豆虾仁、葱爆尤鱼、四珍鱼园、豉汁里肌、菜苔腊肉、红烧肚当、清蒸扁鱼、冬菇面巾

点心: 风味盖交面

水果: 哈蜜瓜、弥猴桃

(余虹 设计)

色彩的学问

一、红颜色除了用"红"字外，还能用哪些字？请至少说出五个。

二、黑颜色除了用"黑"字外，还能用哪些字？请至少说出五个。

三、"碧"可指几种颜色？请分别举例说明。

四、"青"可指几种颜色？请分别举例说明。

五、"赤橙黄绿青蓝紫"——请根据这七个字分别说出七条成语。

六、你能说出五条成语，至少包含十种颜色吗？

七、"红色根据地"——这里的"红色"其实只是一种象征，并不一定和颜色有关。请再说出五个类似的词语。

（郭凯 设计）

郭沫若的试题

一次会上, 郭沫若拿出一张字条, 上有一段古文, 他请在座的朋友标点。这段文字很简单: "舜何人也予何人也有为者亦若是"。

在座的朋友提供了四种答案:

一、舜何人也! 予何人也! 有为者亦若是。

二、舜何人也? 予何人也? 有为者亦若是。

三、舜, 何人也? 予, 何人也? 有为者亦若是。

四、舜何? 人也; 予何? 人也。有为者亦若是。

这段话到底该如何标点? 请你来试一试。

(贡树铭 设计)

主角是谁

汉语中的不少成语和历史人物有关，比如"舌粲莲花"，便是说的诗人李白："李白有天才俊逸之誉，每与人谈论，皆成句读，如春葩丽藻，粲于齿牙之下。时人号曰李白粲花之论。"请你说出下列成语的主角。

1. 四面楚歌——（　　　）

2. 初出茅庐——（　　　）

3. 望梅止渴——（　　　）

4. 投笔从戎——（　　　）

5. 画龙点睛——（　　　）

6. 完璧归赵——（　　　）

7. 卧薪尝胆——（　　　）

8. 三顾茅庐——（　　　）

9. 程门立雪——（　　　）

10. 墨守成规——（　　　）

11. 一字千金——（　　　）

12. 萧规曹随——（　　　）

13. 口蜜腹剑——（　　　）

14. 双管齐下——（　　　）

15. 指鹿为马——（　　　）

16. 入木三分——（　　　）

17. 负荆请罪——（　　　）

18. 前度刘郎——（　　　）

19. 目不窥园——（　　　）

20. 铁杵成针——（　　　）

21. 纸上谈兵——（　　　）

22. 闻鸡起舞——（　　　）

23. 图穷匕见——（　　　）

24. 背水一战——（　　　）

25. 痛饮黄龙——（　　　）

26. 鸡鸣狗盗——（　　　）

27. 广陵绝响——（　　　）

28. 投鞭断流——（　　　）

29. 马革裹尸——（　　　）

30. 举案齐眉——（　　　）

31. 煮豆燃萁——（　　　　）

32. 围魏救赵——（　　　　）

33. 高山流水——（　　　　）

34. 一诺千金——（　　　　）

35. 覆水难收——（　　　　）

36. 坦腹东床——（　　　　）

37. 衣锦夜行——（　　　　）

38. 江郎才尽——（　　　　）

39. 暗度陈仓——（　　　　）

40. 洛阳纸贵——（　　　　）

（孟吉　设计）

读音八题

一、小王用拼音输入法打字。一次，他想用"熟稔"一词，反复键入"shunian"，却怎么也跳不出这两个字来。这是怎么回事？

二、某医学院举办学术讨论会，会上反复提到"分泌"一词，有的医生读fēnbì，有的医生读fēnmì。哪一种读音正确？

三、"屡见不鲜"是个常用成语，但这个"鲜"字怎么读，某电视台主持人意见不一，有主张读xiān的，也有主张读xiǎn的。哪一种读音正确？

四、妇女怀孕，医学术语是"妊娠"。有人请孕妇读这个词，结果出现了三种读音：rènchén、rènshēn、rènzhèn。哪一种读音正确？

五、上海有条番禺路，公共汽车到站时，售票员总是招呼说："Fānyú 路到了。"售票员的读音对吗？

六、小明在背诵课文《叶公好龙》。"叶公"的叶，小明念"yè"，爷爷一听，说是错了，应该念"shè"；小明却说不错，老师便是这么教的。这是为什么？

七、某演员剧团交流艺术表演的体会，涉及"角色"一词，有的念成"jué色"，有的念成"jiǎo色"。哪一种读音正确？

八、世界牙齿保护日那天，电视里播出专题节目，其中有位领导凡提到"龋齿"，皆读成"yǔ齿"。这种读法对吗？

(钱龙榆 设计)

辨色

　　以下是古汉语中常用来表示颜色的词，请分别说明它们所表示的颜色：

苍　碧　缃　缥　玄　缁

殷　彤　赭　素　翠　丹

黛　赤　绛　赪　皂　黎

（熊鹰　设计）

不妨读一读

请给下面各句中带点的字注音:

1. 刘胡兰从容对敌,视死如归。(   )

2. 他这个人的脑筋太呆板了。(   )

3. 证据确凿,理当处以死刑。(   )

4. 他取得了卓越的成就。(   )

5. "怎么办呢?"他寻思着。(   )

6. 晓丹拎起书包就走出门去。(   )

7. 我最讨厌挑拨离间的人。(   )

8. 电表有问题,请校正一下。(   )

9. 对他,你要提防一点才行。(   )

10. 我紧紧握住他那颤动的手。(   )

(罗永久 设计)

望文生义知多少

成语结构凝练，含义丰富，但运用不当，也会闹出笑话。下列文字，皆犯有望文生义的毛病，请你一一指出，并说明理由。

1. 他是位业余作者，十分勤奋，但屡遭退稿。每次他写作时，人们总取笑他说："啊，又在写不刊之论哪。"

2. 在语文老师的严格要求下，我逐渐改正了文不加点的毛病。

3. 人非圣贤，孰能无过？犯点小错误是难免的，也是不足为训的。

4. 最近他很烦，一连几件事情，总是办得差强人意。

5. 难怪小李业务水平不高，原来师出无名啊。

6. 张雄这次虽然犯了法，处理是应该的，但他毕竟是功臣，罪不容诛啊。

7. 成都俱乐部一二三线球队请的主教练及外援都是一色的德国人，其雄厚财力令其他甲B队只能望其项背。

8. 今年入夏以来，长江流域、黑龙江流域五风十雨，洪峰连连，水患不断，给人民的生命财产造成了巨大损失。

9. 他这个人做事不肯踏踏实实，老希望一些如明日黄花的事情发生。

10. 做人要正派，到处刺探他人隐私是不道德的，古人不是说要目不窥园吗？

11. 他这个人有知识, 有头脑, 有魄力, 在市场经济下, 抓住改革开放时机, 终于成就了一番名山事业。

12. 告别时, 这位服装个体户一定要送我几件高档的衣服, 真所谓大方之家。

13. 女子乒乓球队蝉联团体冠军, 消息传来, 人们无不弹冠相庆, 兴奋异常。

(田思芳 设计)

释"天"

以下词语中, 均有一个"天"字, 请分别说明它们的词义。

1. 坐井观天

2. 天将降大任于是人

3. 刑天舞干戚, 猛志固常在

4. 天行有常, 不为尧存, 不为桀亡

5. 素面朝天

6. 民以食为天

7. 天字第一号

8. 天桥把式

9. 春天不是读书天

10. 天足运动

(成工 设计)

说"笑"

　　"笑"指一种面部表情，在汉语词汇中，形容笑的词很多。请你至少说出十个。注意: 这些词中不能带有"笑"字。

(罗永宝　设计)

引文中的别字

下列句子中, 都引用了前人的诗文名句。你能指出其中的差错吗?

1. 斗转星移, 换了人间, 脑海中突然浮现出那两句诗: "旧时王榭堂前燕, 飞入寻常百姓家。"

2. 骆宾王的檄文气势如虹, 发出一连串的责问: "一杯之土未干, 六尺之孤安在? ……"

3. 那热烈的场景让人想到, "九州生气恃风雷, 万马齐暗究可哀"的时代, 已经成为历史。

4. 他们虽然没有读过"关关睢鸠, 在河之洲", 但爱情的种子已经萌芽。

5. 正是春回大地的时候, 老人结伴同行, "烟花三月下杨州"……

6. 每当读到陆游的句子"红酥手, 黄滕酒, 满城春色……", 他总会触景生情。

7. 当年也曾有过"避席畏闻文字狱, 著书都为稻粮谋"的经历, 而今想到的, 却是"文化"二字。

8. 远隔重洋, 心心相连, 在这月圆之夜, 他轻吟着"但愿人长久, 千里共蝉娟"。

9. 即席挥毫, 满纸淋漓, 只见"秋水共长天一色, 落霞与孤鹜齐飞"……

    10. 尽管这帮人老谋深算, 最后只能落个 "一枕黄粱再现" 的结果。

(顾豪 设计)

考一考播音员

有些字通常使用时与用作姓氏或地名时,读音有所不同。例如:

番:①三番五次 (fān)

　　②广东番禺市 (pān)

可有些播音员,包括电台、电视台的节目主持人,却不注意这些区别,结果往往会出洋相。

如果你是播音员,下面的20个字,你能读出在不同语境中的正确读音吗?

1. 单
   ①单独、简单 (　　　)
   ②山东单县、单同志 (　　　)

2. 区
   ①区分、区域 (　　　)
   ②区同志 (　　　)

3. 曾
   ①曾经、未曾 (　　　)
   ②曾同志 (　　　)

4. 种
   ①种子、种类 (　　　)
   ②种同志 (　　　)

5. 贾
   ①商贾 (　　　)
   ②贾同志 (　　　)

6. 解
   ①解决、解释 (　　　)
   ②解同志 (　　　)

7. 缪
   ①未雨绸缪 (　　　)
   ②缪同志 (　　　)

8. 朴
   ①朴素、朴实 (　　　)
   ②朴同志 (　　　)

9. 仇
　①仇恨、仇敌（　　　）
　②仇同志（　　　）

10. 查
　①调查、考查（　　　）
　②查同志（　　　）

11. 厦
　①商厦、大厦（　　　）
　②厦门市（　　　）

12. 阿
　①阿姨、阿王（　　　）
　②山东东阿县（　　　）

13. 歙
　①歙（吸气）（　　　）
　②安徽歙县（　　　）

14. 莞
　①莞尔（　　　）
　②广东东莞市（　　　）

15. 铅
　①铅笔（　　　）
　②江西铅山（　　　）

16. 蚌
　①蚌珠（　　　）
　②安徽蚌埠市（　　　）

17. 泊
　①停泊、淡泊（　　　）
　②梁山泊（　　　）

18. 浒
　①水浒（　　　）
　②浒墅关（　　　）

19. 柞
　①柞蚕（　　　）
　②陕西柞水（　　　）

20. 泌
　①分泌（　　　）
　②河南泌阳县（　　　）

（辛南生　设计）

文史常识十六题

一、请分别写出管子、晏子、老子、庄子、孔子、孟子、墨子和荀子的姓名。

二、据记载，毛泽东特别喜欢唐代"三李"的诗，这"三李"是指哪三个人？

三、请写出以下四位历史人物的正名：白香山、李义山、元遗山、王船山。

四、"唐宋八大家"是指我国古代哪八位散文作家？

五、《朝花夕拾》《棠棣之花》《清明前后》《第四病室》《四世同堂》《寄小读者》六部现代文学作品的作者分别是谁？

六、电影《垂帘听政》中有人骂慈禧太后，出现在字幕上的是：牝鸡司晨。这几个字对不对？为什么？

七、关汉卿所著杂剧《窦娥冤》中有句台词："行医有斟酌，下药依《本草》。"这里的《本草》是指李时珍的《本草纲目》吗？为什么？

八、农历正月初一、正月十五、三月初三、五月初五、七月初七、八月十五、九月初九、十二月三十日，是我国哪些传统节日？

九、东晋灭亡以后，中国形成南北分裂的局面，称为南北朝。南朝和北朝各经历了哪几个朝代？各个朝代的皇帝姓什么？最后由哪个朝代重新统一？

十、唐、宋之间的五代是哪五个朝代？五个朝代的皇帝姓什么？

十一、写出秦、西汉、东汉、西晋、东晋、隋、唐、北宋、南宋、元、明、清各朝开国皇帝的庙号和姓名。

十二、晋、冀、鲁、豫、皖、鄂、桂、赣是哪八个省的别称?

十三、1922年4月发生第一次直奉战争。为什么称"直奉战争"?"直""奉"是什么意思?

十四、我国古代名关有潼关、阳关、昭关、函谷关、雁门关等,其故址分别在今哪些省内?

十五、我国古代有些地名是因附近的山、水而得名的。请说出"华阴""江阴""淮阳""凤阳"等地得名的缘由。

十六、古书上有"志学之年""而立之年""年届不惑""知命之年""年逾耳顺""从心之年"等说法,这里的"志学""而立""不惑""知命""耳顺""从心"各是什么意思? 它们的出处何在?

(封文 设计)

寻找漏洞

本刊和北京电视台"星星擂台"节目组共同组织了一次智力竞赛活动，其中有一批"咬文嚼字"题目。下面十句话中，每句都有漏洞，你能一一指出来吗?

1. 他的手机就像鱼一样小。

2. 只要努力学习，是完全可以避免少犯一些这类错误的。

3. 蜜蜂每酿造一斤蜜，大约要采集50万朵的花粉。

4. 五位同学们，现在回到班上去吧。

5. 五一节那天，朝霞万丈，晴空万里，我们来到了天安门广场。

6. 该厂产品畅销全国200多个省市。

7. 现在由北京队获得发角球。

8. 主队队员们在下半场有所起色，积极进攻。

9. 出租汽车管理处已决定拟取消这名司机的营业资格。

10. 与商场交涉未果，5月下旬，三位顾客状告法院。

（童明 设计）

有意思的点点

以下每个汉字都有点，请你说出这些点分别代表什么。

1. 雨
2. 勺
3. 母
4. 州
5. 高
6. 丹
7. 兔
8. 衣
9. 立
10. 主

(尧文 设计)

"字痴"趣问

甲、乙、丙、丁，都是"字痴"。眼下酷暑难当，四人聚在一起，咬文嚼字，自得其乐。

甲说："汉字中有不少'品'字形结构的字，字形美观，字义隽永，比如森林的'森'字，晶莹的'晶'字，你们能在一分钟里再说出五个吗？"

"这有何难？"乙扳着手指说，"聂耳的'聂'字，轰炸的'轰'字……""慢，慢，"甲补充说道，"我要求各位的，不包括繁体字。"正说话间，丙已亮出一块题板，端端正正地写着五个"品"字形汉字。甲莞尔笑道："丙兄高明。"

乙不以为然："恐怕是题目太易吧。我也请各位做一道题：'口'是一个独立的汉字，也是一个极为重要的构字部件，只要再加两笔，便可构成一批汉字，比如叮、叨、可、古、右……你们能在一分钟里再说出五个吗？"

甲当即反唇相讥："你这才是给小学生做的题目呢！你听着……"他一口气说出了十多个字，而且完全符合题意，乙只得表示甘拜下风。

丙见争论已止，缓缓说道："汉语中有些词语是很有趣的，正读是一个词，反读同样也是一个词，比如'故事'反过来读便成了'事故'。你们能在一分钟里再说出五个吗？"乙又来了兴致，抢先答道："繁冗，冗繁；健康，康健……""不对，不对，"丙赶忙阻止，"正读的词和反读的词必须是意义风马牛不相及的。"

丁一直在旁静静听着。这时，他见其他人还在思索，便说："我说几个看看是否符合要求。"丁每说一个，丙便击掌应道："对！"一连击了五次。真不愧是"字痴"，一道题又迎刃而解。

丁见各位余兴未尽，便说："我们几人的姓，笔画都不少。本人的姓，便有九画。你们能在一分钟里写出五个姓来，笔画加在一起不超过九画吗？"甲、乙、丙一齐陷入了思索。

读者朋友，你们能分别在一分钟之内，回答出甲、乙、丙、丁的题目吗？

（裘其音　设计）

《妙问巧答》参考答案

二王

①在

②再

读不通的诗

从"今"字开始，顺时针转读为：

今天夏天大不同，赤日如火照当空。

偷闲写出旋转句，若非聪明读不通。

鸿华楼的菜单

括号中文字为正字：

菜单

冷盘：葱油海蛰（蜇）、蜜汁小扒（排）、芫须（荽）鸭掌、四喜烤夫（麸）、酸辣缸（豇）豆、松脆罗（萝）卜、油闷（焖）笋、凉拌乌（莴）苣笋

热菜：碗（豌）豆虾仁、葱爆尤（鱿）鱼、四珍鱼园（圆）、豉汁里肌（脊）、菜苔（薹）腊肉、红烧肚当（裆）、清蒸扁（鳊）鱼、冬菇面巾（筋）

点心：风味盖交（浇）面

水果：哈蜜（密）瓜、弥（猕）猴桃

色彩的学问

一、红颜色还能用以下字来表示：

1.赤。毛泽东《菩萨蛮·大柏地》："赤橙黄绿青蓝紫，谁持彩练当空舞？"

2.丹。《广雅·释器》："丹，赤也。"

3.朱。《论语·阳货》："恶紫之夺朱也。"

4.绯。鲁迅《藤野先生》："上野的樱花烂熳的时节，望去确也像绯红的轻云。"

5.彤。鲍照《芙蓉赋》："烁彤辉之明媚。"

二、黑颜色还能用以下字来表示：

1.玄。鲁迅《药》："一个满脸横肉的人，披一件玄色布衫，散着纽扣。"

2.墨。杜甫《茅屋为秋风所破歌》："俄顷风定云墨色，秋天漠漠向昏黑。"国画有"墨荷"，街头有"墨镜"。

3.皂。成语"青红皂白"。

4.乌。苏轼《将往终南和子由见寄》："穷年弄笔衫袖乌，古人有之我愿如。"

5.黎。沙汀《还乡记》："黎黑瘦削，满脸尘污。"

三、"碧"通常指以下几种颜色：

1.青绿色。杨万里《晓出净慈寺送林子方》："接天莲叶无穷碧，映日荷花别样红。"

2.青蓝色。李商隐《嫦娥》："嫦娥应悔偷灵药，碧海青天夜夜心。"

3.青白色。范成大《鹧鸪天》："碧云日暮无书寄，寥落烟中一雁寒。"

四、"青"通常指以下几种颜色：

1.绿色。刘禹锡《竹枝词》："杨柳青青江水平，闻郎江上唱歌声。"

2.蓝色。荀子《劝学》："青取之于蓝而青于蓝。"

3.黑色。李白《将进酒》："君不见高堂明镜悲白发，朝如青丝暮成雪。"

五、赤胆忠心、橙黄橘绿、信口雌黄、桃红柳绿、青山不老、蓝田生玉、大红大紫。

六、青红皂白、姹紫嫣红、金碧辉煌、青出于蓝、鹅黄鸭绿。

七、红色风暴、白色恐怖、黑色星期一、绿色食品、黄色书刊。

郭沫若的试题

"舜何人也予何人也有为者亦若是"见于《孟子·滕文公上》。这是孟子引用颜渊的话。第四种标点方法是正确的，即："舜何？人也；予何？人也。有为者亦若是。"意思是说："舜是什么？是人；我是什么？是人。有作为者也应该像他那样。"

主角是谁

1. 四面楚歌（项羽）
2. 初出茅庐（诸葛亮）
3. 望梅止渴（曹操）
4. 投笔从戎（班超）
5. 画龙点睛（张僧繇）
6. 完璧归赵（蔺相如）
7. 卧薪尝胆（勾践）
8. 三顾茅庐（刘备）
9. 程门立雪（程颐）
10. 墨守成规（墨翟）
11. 一字千金（吕不韦）
12. 萧规曹随（曹参）
13. 口蜜腹剑（李林甫）
14. 双管齐下（张璪）
15. 指鹿为马（赵高）
16. 入木三分（王羲之）
17. 负荆请罪（廉颇）
18. 前度刘郎（刘禹锡）
19. 目不窥园（董仲舒）
20. 铁杵成针（李白）
21. 纸上谈兵（赵括）
22. 闻鸡起舞（祖逖）
23. 图穷匕见（荆轲）
24. 背水一战（韩信）
25. 痛饮黄龙（岳飞）
26. 鸡鸣狗盗（孟尝君）
27. 广陵绝响（嵇康）
28. 投鞭断流（苻坚）

29. 马革裹尸（马援）

30. 举案齐眉（孟光）

31. 煮豆燃萁（曹植）

32. 围魏救赵（孙膑）

33. 高山流水（钟子期）

34. 一诺千金（季布）

35. 覆水难收（朱买臣）

36. 坦腹东床（王羲之）

37. 衣锦夜行（项羽）

38. 江郎才尽（江淹）

39. 暗度陈仓（刘邦）

40. 洛阳纸贵（左思）

读音八题

一、"熟稔"不能拼成shunian。稔，本义为庄稼成熟，从禾；后引申指熟悉。稔的读音为rěn。

二、"泌"有文白两读。"分泌"的泌，义为从生物体的某些细胞、组织或器官中排出某种物质，"泌"的读音为mì。

三、"鲜"有两读。一读xiān，常用来表示新鲜；一读xiǎn，义为稀少、罕见。成语"屡见不鲜"，是经常见到、并不新鲜的意思，故"鲜"应读xiān。

四、"妊娠"的正确读音应是rènshēn，rènchén、rènzhèn均为误读。

五、上海的番禺路，因广东番禺而得名，故应读Pānyú，而不是Fānyú。

六、"叶公好龙"的叶，旧读shè，爷爷一辈的人，可能还保留着这一读音习惯；但《普通话异读词审音表》已规定读yè。

读为"yè公好龙"是正确的。

　　七、"角色"正确的读音是"jué色"而不是"jiǎo色"。"角"既可读jué，也可读jiǎo。后一个读音通常指长在动物头上的尖硬物体或类似的东西。

　　八、"龋齿"的龋，读音为qǔ，指一种牙病；读为yǔ，是"秀才识字读半边"的结果。

辨色

　　1.青色或灰白色。2.青绿色。3.浅黄色。4.青白色。5.黑色。6.黑色。7.红黑色。8.红色。9.赤褐色。10.白色。11.青绿色。12.红色。13.青黑色。14.红色。15.深红色。16.红色。17.黑色。18.黑色。

不妨读一读

1. cóng
2. dāi
3. záo
4. zhuó
5. xún
6. līn
7. jiàn
8. jiào
9. dī
10. chàn

望文生义知多少

1. "不刊之论"即不能改易的言论。"刊"是指修改、删削而不是刊登、发表。

2. "文不加点"形容写文章不用涂改就能写成。"点"是指涂改而不是标点符号。

3. "不足为训"即不能当作典范或法则。"训"是指典范、法则而不是教训。

4. "差强人意"是大体上还能使人满意。"差"是程度副词,理解为稍微、大体,不是表示不好。

5. "师出无名"是说出兵没有正当的理由。"师"指军队而不是老师,"名"指理由而不是名气。

6. "罪不容诛"是说罪大恶极,即使判死刑也不能抵偿他的罪恶,而不是还没到判死刑的地步。

7. "望其项背"是说还看得到对方,意即还赶得上而不是赶不上。通常用于否定句:"不能望其项背"。

8. "五风十雨",即五天刮一次风,十天下一次雨,意即风调雨顺,不是指刮大风下大雨之类的自然灾害。

9. "明日黄花"出自苏轼诗"明日黄花蝶也愁",喻指过时的事物,而不是幻想中的美景。

10. "目不窥园"说的是汉代的董仲舒,常用来形容发愤攻读,跟刺探隐私不相干。

11. "名山事业"出自《史记》,通常指著书立说,不能泛指所有的事。

12."大方之家"的"大方"，指称学识渊博或专精于某种技艺的人，不是出手阔绰的意思。

13."弹冠相庆"是贬义词，指一人升官，同伙相互庆贺，等待一起高升，不能用于正面描写。

释"天"

1.坐井观天——"天"为天空；

2.天将降大任于是人——"天"为上天；

3.刑天舞干戚，猛志固常在——"天"为脑袋；

4.天行有常，不为尧存，不为桀亡——"天"为大自然；

5.素面朝天——"天"为皇帝；

6.民以食为天——"天"为依靠；

7.天字第一号——"天"为《千字文》第一句"天地玄黄"第一字；

8.天桥把式——"天"为凌空；

9.春天不是读书天——"天"为季节；

10.天足运动——"天"为天生的、自然的。

说"笑"

1. 捧腹：大笑时捧着肚子。

2. 齿冷：耻笑。（笑则露齿，时间长了，便会齿冷。）

3. 拊掌：高兴得拍手。

4. 喷饭：笑得把嘴里的饭也喷出来。

5. 莞尔：微笑的样子。

6. 解颐：颐，面颊。欢乐开颜。

7. 哄堂：一屋子人大笑。

8. 绝倒：大笑时前俯后仰。

9. 粲然：笑时露齿的样子。

10. 轩渠：欢笑的样子。

引文中的别字

1. 旧时王榭（谢）堂前燕

2. 一杯（抔）之土未干

3. 万马齐暗（喑）究可哀

4. 关关睢（雎）鸠

5. 烟花三月下杨（扬）州

6. 黄滕（滕）酒

7. 著书都为稻粮（梁）谋

8. 千里共蝉（婵）娟

9.落霞与孤鹜（鹜）齐飞

10.一枕黄粱（梁）再现

考一考播音员

1.①（dān）②（shàn）

2.①（qū）②（ōu）

3.①（céng）②（zēng）

4.①（zhǒng）②（chóng）

5.①（gǔ）②（jiǎ）

6.①（jiě）②（xiè）

7.①（móu）②（miào）

8.①（pǔ）②（piáo）

9.①（chóu）②（qiú）

10.①（chá）②（zhā）

11.①（shà）②（xià）

12.①（ā）②（ē）

13.①（xī）②（shè）

14.①（wǎn）②（guǎn）

15.①（qiān）②（yán）

16.①（bàng）②（bèng）

17.①（bó）②（pō）

18.①（hǔ）②（xǔ）

19.①（zuò）②（zhà）

20.①（mì）②（bì）

文史常识十六题

一、管仲、晏婴、李耳、庄周、孔丘、孟轲、墨翟、荀况。

二、李白、李贺、李商隐。

三、白居易、李商隐、元好问、王夫之。

四、韩愈、柳宗元、欧阳修、王安石、苏洵、苏轼、苏辙、曾巩。

五、鲁迅、郭沫若、茅盾、巴金、老舍、冰心。

六、封建时代骂妇人篡权乱政为"牝鸡司晨"。意思是雌鸡报晓（牝，雌；司，掌管），情况反常。"牡"是指雄性，"牡鸡司晨"即雄鸡报晓，用来骂慈禧太后，有点牛头不对马嘴。"牡"显然为"牝"字之误。

七、关汉卿是元代人，李时珍是明代人。关汉卿写《窦娥冤》时，根本还没有《本草纲目》这部书，因此，剧中的《本草》只能是元代以前的《神农本草》或《唐本草》的省称。

八、春节、元宵节、上巳节、端午节、七夕节、中秋节、重阳节、除夕。

九、南朝经历了宋（刘）、齐（萧）、梁（萧）、陈（陈）四代。北朝先是北魏（原姓拓跋，后改汉姓为元），后分裂为东魏（元）、西魏（元）。东魏为北齐（高）所代，西魏为北周（宇文）所代。最后由隋朝（杨）重新统一。

十、梁、唐、晋、汉、周，史称后梁（朱）、后唐（李）、后晋（石）、后汉（刘）、后周（郭、柴）。

十一、秦始皇嬴政、汉高祖刘邦、汉光武帝刘秀、晋武帝司马炎、晋元帝司马睿、隋文帝杨坚、唐高祖李渊、宋太祖赵匡胤、宋高宗赵构、元世祖忽必烈、明太祖朱元璋、清世祖福临（答"顺治"也对）。

十二、山西、河北、山东、河南、安徽、湖北、广西、江西。

十三、因为是北洋军阀中直系军阀和奉系军阀之间爆发的战争，所以称"直奉战争"。"直"指直隶籍军阀，"奉"指奉天籍军阀。直隶、奉天均为清代省名，后改为河北、辽宁。

十四、潼关在今陕西省，阳关在今甘肃省，昭关在今安徽省，函谷关在今河南省，雁门关在今山西省。

十五、古人以山南为阳，山北为阴；又以水北为阳，水南为阴。华阴在华山之北，江阴在长江之南，淮阳在淮河之北，凤阳在凤凰山之南，故分别得名为华阴、江阴、淮阳、凤阳。

十六、"志学"指十五岁，"而立"指三十岁，"不惑"指四十岁，"知命"指五十岁，"耳顺"指六十岁，"从心"指七十岁。出处在《论语·为政》。

寻找漏洞

1. 鱼有大有小，比喻不当。

2. "避免少犯"，否定之否定，意思成了"应该多犯"。

3. 定语中的量词"朵"和中心语"花粉"不能搭配，应说"50万朵花的花粉"。

4. "们"表多数，前面不加表示具体数量的词。

5. 既是"朝霞万丈"，就不是"晴空万里"，矛盾。

6. "省市"并列，"市"只能指直辖市，"全国200多个省市"从何而来？

7."获得"应跟名词性宾语,"发角球"是动词性的,不能搭配。可取消"获得"或将宾语改为"发角球的机会"。

8."有所"后面应跟动词,"起色"是名词,不能搭配。"起色"可改为"变化""改观"等。

9."拟"是打算,即还没有决定,和前面的"已决定"矛盾。

10."状告法院",意即法院成了被告,不合原意。可加一个"于"字。"三位顾客状告于法院"。

有意思的点点

1. 雨点

2. 勺中盛的物体

3. 母亲的乳房

4. 水中的陆地

5. 建筑物的顶部

6. 朱砂

7. 兔子的尾巴

8. 衣服的领子

9. 上面的点是人的头, 中间的点是人的腿

10. 灯的火焰

"字痴"趣问

1. "品"字形结构的字, 除了森、晶外, 常见的有: 鑫、淼、矗、众、焱……

2. 口字加两笔, 可以构成的汉字除叮、叨、可、古、右外, 常见的有: 只、兄、召、叹、叱……

3. 类似"故事—事故"正反皆可读的词, 常见的有: 动机—机动、人工—工人、地道—道地、外号—号外、当家—家当……

4. 可以用作姓、笔画不超过九画的五个姓有: 乙、丁、卜、刁、刀。

探名十二问

常用词十二问

一、上海城隍庙是知名旅游景点。其他城市也有类似城隍庙的建筑。请问"城隍庙"的"隍"指什么？

二、在文艺汇演或体育比赛中，常有"压轴戏"的提法。请问"压轴戏"的"轴"指什么？

三、在读名人传记时，常见有"幼年失怙"的记载。请问这里的"怙"指什么，出典在哪里？

四、形容一个人彬彬有礼时，常说有"绅士风度"。"绅士"一词并不是外来词，我国古已有之。请问"绅士"的"绅"指什么？

五、"蜡梅"有人也写作"腊梅"，但"蜡梅"更具理据性。请问这里的"蜡"字作何解释？

六、一个人喝醉酒时，人们常形容为"烂醉如泥"。这里的"泥"字是有所指的，你知道是什么吗？

七、农历年的最后一天是除夕。请问"除夕"的"除"字是什么意思？

八、时尚刊物上，不时可见到"女红"的介绍。你知道这个"红"字怎么读，"女红"是什么意思吗？

九、"阑尾炎"是常见病。它是因病菌、寄生虫之类进入阑尾引起的。请问"阑尾"的"阑"是什么意思？

十、在欣赏文艺节目时，每当看到精彩处，人们会情不自禁地喝彩。请问"喝彩"的"彩"指什么?

　　十一、在书信中,常有人喜欢写上一句:"别来无恙?"你知道"无恙"的"恙"字本义是什么吗?

　　十二、修筑堤坝或桥梁时,最后的工序称"合龙"。这是不能写成"合拢"的。请问"合龙"的"龙"字指什么?

(余翰　设计)

地名十二问

一、我国有四大直辖市，天津是其中之一。你知道天津的"天"指什么吗？

二、1999年12月20日，中国政府对澳门恢复行使主权。澳门的回归标志着在中国的国土上彻底结束了外国的殖民统治。你知道澳门何以称"门"？

三、位于浙江北部的莫干山，是避暑胜地。你能说出莫干山名称的由来吗？

四、位于四川阿坝地区的九寨沟是风景胜地，为何称"九寨沟"？

五、承德的避暑山庄闻名遐迩，请问，"承德"一名有何寓意？

六、成语有"邯郸学步"，"邯郸"是战国时赵国的都城。请问"邯郸"二字的字面意思是什么？

七、大庆油田位于我国黑龙江省松嫩平原中部，是我国最大的石油化工基地。你知道为什么叫"大庆"吗？

八、慈溪市位于浙江省宁波市西北部，当地上林湖青瓷窑址颇为有名。你能说出慈溪的"慈"的来历吗？

九、河南有驻马店市，这是河南南部的一个重要城市。请问这一地名和"马"有关吗？

十、"东莞"的"莞"是个多音字，在地名中不读wǎn而读

guǎn。这个"莞"指什么?

十一、陕西的"蓝田"以产玉石闻名。"蓝田"常有人误写作"兰田",这显然是受了"二简字"的影响。你知道"蓝田"为什么叫"蓝田"吗?

十二、基隆是我国台湾省的海港和渔业基地。请问,这一名称有何来历?

(强桂风 设计)

鸟名十二问

一、画眉是一种叫声很动听的鸟,你知道它得名的缘由吗?

二、南半球有一种飞翔能力完全退化的鸟,那就是企鹅。黝黑发亮的"燕尾服"在阳光下很有质感,发福的肚子让这身打扮更显气派。请说出企鹅得名的原因。

三、斑鸠是我国常见的鸟类之一,为什么称为"斑鸠"呢?

四、"鸨"是一种头小颈长、善跑不善飞的鸟,有大鸨、小鸨等多种。古人为何用"老鸨"来称呼开设妓院的女人?

五、相思鸟的得名与这种鸟的生活习性有关系吗?

六、八哥和鹦鹉一样,能模仿人说话。请说出"八哥"得名的来由。

七、麻雀是我国十种最常见的鸟类之一。你知道鸟名中的"麻"字是什么意思吗?

八、兀鹫是国家二级保护动物,羽翼宽大有力,常盘旋高空寻找地面动物尸体。请问鸟名中的"兀"字指什么。

九、鸟不可能从天堂飞来尘世,那么你知道天堂鸟得名的缘由吗?

十、火烈鸟的得名和火有什么关系?

十一、信天翁是十几种大型海鸟的统称,亦称"信天公""信天缘"。你知道它得名的缘由吗?

十二、吐绶鸡又名"火鸡",是西方感恩节的主要食品。请说出称"火鸡"的原因。

(春洲 设计)

成语十二问

一、"痛饮黄龙"中的"黄龙",是酒的名称吗?

二、"汗牛充栋"是以病牛冒充栋梁吗?

三、"高头讲章"中的"高头"指什么?

四、"信口雌黄"中的"雌黄"是药名吗?

五、"望洋兴叹"中的"洋"是海洋吗?

六、"一筹莫展"中的"筹"指什么?

七、"祸起萧墙"是说祸端起自萧家的墙壁?

八、"不刊之论"的"刊"是刊登的意思吗?

九、"分道扬镳"的"镳"是马鞭吗?

十、"赴汤蹈火"的"汤"是河流吗?

十一、"作奸犯科"的"科"指什么?

十二、"厉兵秣马"中的"厉兵"是训练军队吗?

(祁容 设计)

水果名十二问

一、有人说"沙田柚"的"沙田"应是"沙甜",因为它肉质细嫩,入口化渣,风味浓郁,甘甜如蜜。这种说法对吗?

二、天津鸭梨和天津的鸭子有什么关系吗?

三、西瓜,在我国多种植于南方,而不是种在西部,那它为什么还叫"西瓜"呢?

四、榴梿是一种奇特的热带水果,其味浓郁,好之者垂涎欲滴,恶之者掩鼻欲呕。其实,榴梿营养丰富。一个榴梿三只鸡,马来西亚、泰国等地,病人、产妇均以榴梿补养身子,榴梿被当地人称为"热带果王"。你知道"榴梿"的名字是怎么来的吗?

五、不少人将"哈密瓜"误写成"哈蜜瓜",这是因为他们不了解哈密瓜中的"哈密"是地名。那么"哈密瓜"是否只产于新疆哈密,别的地方都不产呢?

六、杨梅是我国特产佳果,广布于长江以南各地。夏至前后,是杨梅上市的季节。杨梅果形如圆球,绛红带紫,甜中带酸,是深受百姓喜爱的果中珍品。你知道"杨梅"为什么叫"杨梅"吗?

七、樱桃,色彩艳丽,味道鲜美,不但百姓喜食,画家也喜欢将它入画。你知道它为什么叫"樱桃"吗?

八、从美国引进的葡萄叫"提子"。提子跟我们熟悉的葡萄相比,水分较少而肉质较硬,似乎是有些不同,但是美国葡萄毕竟还是葡萄，为什么偏要叫它"提子"呢？

九、脐橙是近年来市面上较流行的品种。它果大色艳，滋味鲜美，在全国拥有很大的市场。你知道它为什么叫"脐橙"吗？

十、市场上有一种美国进口苹果叫"蛇果"，有人说这是因为夏娃在伊甸园受蛇诱惑而吃禁果，因此称苹果为"蛇果"。这种说法对吗？

十一、红富士苹果鼎鼎有名，"红富士苹果"和日本富士山有什么关系吗？

十二、草莓，原产欧洲，又名红莓、地莓等。草莓鲜美红嫩，多汁可口，有特殊的芳香，营养价值很高，被誉为"水果皇后"。你知道它为什么叫"草莓"吗？

（张叶菁 设计）

蔬菜名十二问

一、黄瓜是深受大众喜爱的一种蔬菜，可它明明是绿的，为什么姓"黄"呢？

二、冬瓜是一种清热解暑的大众蔬菜，产于夏秋暑热之际，为什么要叫它"冬瓜"呢？

三、慈姑是多年生的水生草本植物，原产中国，以球茎作蔬菜食用。因为叶如燕尾，又名燕尾草。你知道它为什么叫"慈姑"吗？

四、蚕豆起源于亚洲西南和非洲北部，栽培历史悠久。中国蚕豆相传为西汉张骞自西域引入。"蚕豆"和"蚕"有什么关系，是能给蚕吃吗？

五、韭菜是原产我国的一种蔬菜，早在成书于2500年前的《山海经》中，就有关于韭菜的记载。你知道"韭菜"得名的原因吗？

六、芥蓝富含维生素，作为日常佐餐之用，有丰富的营养。你知道它为什么叫"芥蓝"吗？

七、丝瓜的果实呈圆柱状，有纵向浅槽或条纹，并不是一丝一丝的，为什么叫它"丝瓜"呢？

八、茭白是我国特有的水生蔬菜。古人称茭白为"菰"，它的种子叫菰米或雕胡，是"六谷"之一。你知道"菰"为什么会被称为"茭白"吗？

九、猴头菇因为长得像个猴子头而得名，那么草菇是因为长得像草而得名吗？

十、南瓜名称很多, 又叫金瓜、红南瓜等。"金""红"都是从南瓜的颜色来说的, 但它为什么称"南瓜"呢?

十一、你知道"菠菜"之所以叫"菠菜"的原因吗?

十二、塔菜叶子墨绿色, 平展如盘, 根本就不像宝塔, 为什么会叫"塔菜"呢?

(汪社干 设计)

酒名十二问

一、二锅头酒清香纯正、绵甜爽净，是一种大众型的白酒。你知道它的得名缘由吗?

二、花雕酒是著名的黄酒品牌，有人说正确的说法应该叫"雕花酒"，你知道为什么?

三、绍兴加饭酒是指一种黄酒，你知道"加饭"二字的含义吗?

四、干红是指用葡萄原汁制成的红葡萄酒，干白是指用葡萄原汁制成的白葡萄酒。其中的"干"字是什么意思?

五、剑南春的"剑南"是什么意思?

六、五粮液中的"五粮"是指哪五种酿酒的粮食?

七、四川名酒全兴大曲中的"全兴"是指酒的产地吗?

八、安徽的古井贡酒，名称中的"古井"二字是实指还是虚指?

九、郎酒的"郎"是什么意思?

十、陕西名酒西凤酒是如何得名的，你知道吗?

十一、有一种啤酒叫"生啤酒"(鲜啤)，"生"字是与"熟"字相对而言的吗?

十二、鸡尾酒是用几种酒加果汁、香料等混合起来的酒，多在饮用时临时调制。它的命名与鸡的尾巴有关吗?

(韩青松 设计)

菜名十二问

一、"炝虎尾"是江苏风味的一道名菜。试问"虎尾"指什么?

二、"松鼠鳜鱼"风味独特,它在制作时要放入少量松子点缀,有些饭店便写作"松子鳜鱼"。你认为哪种写法正确?

三、"棒棒鸡"是四川风味菜,它像羊肉串一样用"棒棒"串着吗?

四、"佛跳墙"是福建名菜,为什么这道菜和佛扯上了关系?

五、广东菜名中经常提到"锅仔",如"锅仔鲈鱼""锅仔肚片"。这里的"锅仔"到底指什么?

六、"麻婆豆腐"已成了一道走向世界的中国菜,请问为何以"麻婆"冠名?

七、"宫保鸡丁"为何不能写成"宫爆鸡丁"?

八、"盐焗鸡"的"焗"是个冷僻字,有些字典也查不到。请问"焗"是一种什么烹饪方法?

九、北京有道名菜称为"三不粘"。请问到底是哪三不粘?

十、竹荪是一种很有特色的原料,可以制汤,也可热炒,如"竹荪鸡汤""芙蓉竹荪"。有人说竹荪是从竹子中剥出来的,是这样吗?

十一、上海菜中的"草头圈子"颇负盛名,其中的"圈子"指什么?

十二、北方饭店常见有"炒木须",请问这"木须"指什么?

(顾豪 设计)

点心名十二问

一、"担担面"是四川风味小吃，咸鲜微辣，十分可口。你知道为什么叫"担担面"吗？

二、春卷，一种干面皮包馅心、经煎炸而成的食品。它和春天有关吗？

三、"猫耳朵"是一道面食，它的得名有很多传说。杭州猫耳朵据说和乾隆有关，你能否说来听听？

四、"烧卖"，又称"烧麦"。这道点心堪称历史悠久，请说出这一名称的来历。

五、"臊子面"是陕西名点，又称"嫂子面"。这是怎么回事？

六、到过浙江乌镇的人，都知道当地有"姑嫂饼"，油而不腻，甜咸适中。文学家茅盾当年便很喜欢用这一特产招待客人。它的得名和姑嫂有什么关系呢？

七、"萨其玛"是满族名点。你能说出这个名称的含义吗？

八、云南的"过桥米线"已走向全国。一般人都知道"米线"即米粉，大米做成的面食品，但为什么要冠以"过桥"二字呢？

九、广东早茶中有一款叫"艇仔粥"，吃起来鲜糯香美。请说出这一名称的来历。

十、"龙抄手"是什么地方的小吃？它是姓龙的人发明的吗？

十一、天津有三大名点：狗不理包子、十八街麻花，还有便是耳朵眼炸糕。这"耳朵眼"是怎么回事？

十二、据古籍记载，"馒头"是诸葛亮发明的。你能说出这一食品的掌故吗？

(纪梅　设计)

称谓十二问

一、"丈夫"本指成年男子，也指男子中的杰出者，鲁迅诗中便有"无情未必真豪杰，怜子如何不丈夫"的名句。请问"丈夫"二字分别作何解释。

二、旧戏曲里常说到公主，看戏的人都知道公主是皇帝的女儿。你知道称"公主"的来历吗？

三、谈了公主，不能不谈驸马。驸马是皇帝的女婿，但怎么和马扯在一起了呢？

四、报上有条消息：《伴得长安明灯照——访兴教寺方丈常明》。这里的"方丈"指佛寺的住持。请问"方丈"得名的根据。

五、看古代通俗小说，经常看到"员外"这一称谓，张员外李员外，都是大户人家。你知道为什么称"员外"吗？

六、戏曲舞台上的随从或兵卒，人们称之为"龙套"。请说出这一称谓的由来。

七、医生又称"大夫"，比如不远万里从加拿大来到中国的诺尔曼·白求恩，人们称他"白求恩大夫"。这种称谓有什么特殊意义吗？

八、女孩又称丫头，《红楼梦》中便有很多用例。"黄毛丫头十八变"，至今仍是一句耳熟能详的俗语。你知道为什么称丫头吗？

九、以买卖方式，从事商品流通活动的人，人称"商人"。这一称谓有着悠久的历史。请说出它的来历。

十、白居易《长恨歌》中有两句著名的诗："梨园弟子白发新，椒房阿监青娥老。""梨园弟子"指戏曲演员。演员和梨园有什么特殊关系吗？

十一、媒人，人称"红娘"，出之于《西厢记》；还可称"月老"，后者出自哪里呢？

十二、知识分子曾被称为"老九"，而且还是"臭老九"。请说出这一称谓的历史背景。

（艾静　设计）

中药名十二问

一、三七本名田七，能治跌打损伤，有人说是因叶子左三右四而得名。李时珍相信另一种说法。你知道吗？

二、黄芪能补气固表。"芪"读音为qí。可为什么叫"黄芪"呢？

三、巴豆其形如豆，可治便秘。这里的"巴"是什么意思？

四、半夏露是常见的止咳药。你知道"半夏"得名的依据吗？

五、车前的叶和子皆可入药，有利尿、镇咳、止泻作用。称其为"车前"，和"车"有关吗？

六、川贝是贝母的一个品种，可用以止咳。你知道为什么叫"川贝"吗？

七、党参得名，因其多产于山西上党。那么丹参呢？这个"丹"字和地名有关吗？

八、阿胶在《本草纲目》中有记载，李时珍称其"主治心腹内崩"。这里的"阿"指什么？

九、"六味地黄丸"以地黄为主料。"地黄"这一名称中为什么用一"地"字？

十、五味子是常见中药。你知道指哪"五味"吗？

十一、何首乌这一名称中的"何"是怎么来的？

十二、远志是一味常用药。《世说新语》中有人问："此药又名小草，何一物而有二称？"你能回答吗？

（于仁青 设计）

古代书名十二问

一、《尚书》是我国最早的一部史书，那你知道"尚"是什么意思吗？

二、《尔雅》是我国第一部词典，那你知道"尔雅"是什么意思吗？

三、《春秋》是我国最早的编年体史书，你知道何以叫"春秋"吗？

四、《左传》是编年纪事体，主要是叙述《春秋》中重要史事的。你知道《左传》的"左"是什么意思吗？

五、《论衡》为东汉王充所作，是古代一部著名的唯物主义的哲学文献。你知道"衡"是什么意思吗？

六、《齐民要术》是我国古代的一部农业百科全书。你知道书名中的"齐"是什么意思吗？

七、《文心雕龙》是研究如何写好文章的文学理论著作，你知道"文心雕龙"是什么意思吗？

八、宋朝的沈括所著《梦溪笔谈》被誉为"中国科学史上的坐标"，你知道"梦溪"是什么意思吗？

九、明代李时珍撰写的《本草纲目》是我国著名的医药学著作，书名中的"本草"是什么意思呢？

十、《四库全书》收录了从先秦到清乾隆前大部分的重要古籍，涵盖了古代中国的几乎所有学术领域。"四库"是什么意思？

十一、清朝的《聊斋志异》是一部谈狐说鬼的小说集，你知道其中的"聊斋"是什么意思吗？

十二、清人袁枚写过一部专记神鬼怪异之事的笔记小说集，取"子不语"三字作为书名，你知道是为什么吗？

(任水湖 设计)

用物名十二问

一、节日或喜庆场合，常会燃放爆竹。这是一种可以爆裂发声、营造喜庆效果的东西。为什么以"竹"称之呢？

二、风筝是一种玩具，也是民间工艺品。它利用风力升入空中，但和"筝"有什么关系？

三、宣纸是中国书法和绘画用纸，纸张富有韧性，色泽经久不变。"宣纸"的"宣"指什么？

四、端砚是砚台中的上品，石质精良，雕琢美观，蜚声海内外。"端"是否方、正的意思？

五、景泰蓝为我国特种工艺品之一，自清代开始，便远销海外。你知道为什么叫"景泰蓝"吗？

六、毛笔中有羊毫笔，也有狼毫笔。"狼毫"是用狼毛做成的吗？

七、象棋曾称中国象棋，这是我国传统棋类运动的一种。它和陆地上最大的哺乳动物象有什么关系吗？

八、《水浒》中有个黑旋风李逵，动不动就抡起两把大板斧排头砍去。斧头为什么称"板斧"呢？

九、汗衫是内衣的一种。《中华古今注》："汗衫，盖三代之衬衣也。《礼》曰中单。"中单改称汗衫，相传和汉高祖有关。你知道这一说法吗？

十、有一种比较宽大的座椅，后边有靠背，两边有扶手，通常称"太师椅"。这个"太师"指的是谁？

十一、马灯是一种常见的煤油灯，具有防风雨的功能。一般是提在手上照明，为什么称之为"马灯"呢？

十二、哑铃是体育锻炼用的器材。取名"哑铃"道理何在？

(顾豪 设计)

乐器十二问

一、"二胡"是十分常见的弦乐器,常用来为戏曲伴奏。请问为什么以"二"名之呢?

二、"风琴"是键盘乐器,这里的"风"字该怎样解释?

三、"琵琶"是一种弹拨乐器,你知道它的名称的含义吗?

四、"扬琴"有人说源于扬州,这种说法对吗?

五、"锣"是一种打击乐器。"云锣"是锣的一种,请问为什么称"云锣"?

六、"板胡"脱胎于二胡,演奏旋律明快热烈。为什么称其为"板胡"?

七、熟悉民乐的人,都知道有一种乐器叫"阮"。你知道这一名称的来历吗?

八、中国民间戏曲中有柳琴戏。柳琴是用柳木做的吗?

九、"箫"又称"洞箫",有一部电影便叫《洞箫横吹》。这个"洞"指什么?

十、"筝"是一种古老的乐器。你知道为什么叫"筝"吗?

十一、"埙"已有七千年以上的历史,你能从文字学的角度,对它的名称作一番解释吗?

十二、"钢琴"的琴身分明是木制,为什么要称之为"钢"呢?

(刘一龙 设计)

中华名胜十二问

一、北京故宫原是明清两代帝王居住的紫禁城，1925年才辟为故宫博物院。请问"紫禁城"一名的寓意。

二、凡游览上海的人，总会去城隍庙；凡游览城隍庙的人，总会到豫园。你知道为什么要取名"豫园"吗？

三、江苏南京雨花台是一处极富历史内涵的景观，它的得名和一个传说有关。这是个什么传说呢？

四、河南荥阳的虎牢关，因其地势险要，历来为兵家必争之地。请说出"虎牢"的来历。

五、济南被称为"泉城"，旧有七十二名泉，而趵突泉位居七十二泉之首。为什么要以"趵突"为名？

六、棒棰岛是大连市闻名遐迩的避暑胜地。称之为"棒棰"，是说它像一个木棒吗？

七、贵州省的黄果树瀑布是我国第一大瀑布，也是世界著名大瀑布之一。请问为瀑布冠名的"黄果树"是什么树。

八、江西的滕王阁与湖南岳阳楼、湖北黄鹤楼齐名，并称"江南三大名楼"。请问楼名的来历。

九、陕西的大雁塔为玄奘亲自设计并监造，历时数年完成。其塔名有种种传说，都和大雁有关。请说出其中的一个。

十、王羲之的《兰亭集序》，作于浙江绍兴的兰亭。你知道"兰亭"一名的由来吗？

十一、云南大理有一条三月街。为什么要以"三月"命名呢？

十二、台湾省的日月潭是著名的旅游胜地。潭中有一小岛，把潭分为日、月两处。四周翠峰环抱，烟雨迷蒙，令人神往。关于日月潭的得名，有两种不同的说法。你能说出来吗？

(顾建国　设计)

现代书名十二问

一、《准风月谈》是鲁迅的一本杂文集，其中作品多发表于上海《申报》副刊《自由谈》。你知道书名中的"准"是什么意思吗？

二、鲁迅的杂文集有三本是以"且介亭"为名的，即《且介亭杂文》《且介亭杂文二集》《且介亭杂文末编》。"且介亭"是什么亭？

三、瞿秋白在1920年曾访问革命后的苏俄，写了游记通讯《饿乡纪程》。作者为什么称当时的苏俄为"饿乡"？

四、徐志摩1927年出版了一本诗集——《翡冷翠的一夜》。"翡冷翠"指的是什么？

五、丰子恺是漫画家，也是散文家，其散文代表作是《缘缘堂随笔》。请问，"缘缘堂"这个名字是怎么来的？

六、郭沫若的五幕历史剧《棠棣之花》在抗日战争期间上演，曾引起巨大反响。剧名中的"棠棣"是什么意思？

七、张恨水的小说《啼笑因缘》常常被误写成《啼笑姻缘》。这个书名中的"因缘"为什么不能写成"姻缘"？

八、长篇小说《正红旗下》是老舍先生的代表作之一。你知道"正红旗"是指什么吗？

九、孙犁在上世纪50年代曾创作了著名的中篇小说《铁木前传》。"铁木"指的是什么？

十、《李有才板话》是赵树理的代表作之一。书名中的"板话"是什么"话"？

十一、《管锥编》是钱锺书的学术代表作。你知道"管锥"是什么意思吗？

十二、《天龙八部》是金庸的一部武侠小说。书名为什么叫"天龙八部"？

(余点 设计)

《探名十二问》参考答案

常用词十二问

一、城隍庙的"隍",指没有水的护城壕。

二、"压轴戏"的"轴",指戏曲术语中的大轴,即排在最后的一出剧目。倒数第二出剧目压着大轴,故称"压轴戏"。

三、"怙"(音hù)指父亲。语出《诗经·小雅·蓼莪》:"无父何怙,无母何恃。"后以"怙恃"作父母的代称。

四、绅士的"绅",本是古代士大夫束于腰间的大带子。束绅的人士称"绅士"。

五、"蜡梅"的"蜡"指蜂蜡。宋代诗人黄庭坚说:蜡梅"香气似梅花",其花"类女工抹蜡所成",故称"蜡梅"。

六、"烂醉如泥"的"泥",指一种传说中的动物。据说,这种动物生于南海,无骨,"在水中则活,失水则醉,如一堆泥然"。

七、"除"本指宫殿的台阶。台阶总是一级一级更替登高,故段玉裁注《说文》:"凡去旧更新皆曰除,取拾级更易之义也。""除夕"即除去旧岁的最后一夕。

八、"女红"的"红"读gōng。"女红"指女性裁剪、编织一类的劳动或这类劳动的成果。

九、"阑"有"将尽"的意思。"阑尾"即处于盲肠末端的小管。

十、"喝彩"的"彩"指表示赞扬的欢呼声。

十一、"恙"本指传说中的一种虫,《易传》说:"恙,啮虫也,善食人心。"后来引申指疾病。

十二、大桥或堤坝从两端同时建造,最后接通前的缺口称为"龙口",故两端完全接合称为"合龙"。

地名十二问

一、"天"指天子。据明嘉靖《重修天津三官庙记》记载,明永乐二年(1404年),成祖朱棣南下,"圣驾尝由此济渡沧州,因赐名曰天津"。"天津"即"天子津渡"之意。

二、据《广东新语·地语》:"澳者,舶口也。""澳"是停船的海湾。又:"澳有南台、北台,台者,山也。"两座山像守卫着"澳"的两扇大门,"故谓澳门"。

三、吴越时代有铸剑高手干将、莫邪夫妇。相传吴王曾让他们在山上铸剑,此山后称"莫干山",山名便由干将、莫邪而来。

四、"沟"其实就是河。九寨沟是白河支流,沟两岸有九个藏族村寨,故以"九寨"为名。

五、自1703年起,清政府在承德建避暑山庄。据武尚权《热河新志》:"所谓'承德'就是承受皇帝的恩德"的意思。

六、"邯"是山名;"郸"本应作"单",尽头的意思。《后汉书·光武帝纪》注:"邯山至此而尽。城郭字皆从邑,因以名焉。""郸"的右耳朵是因作地名用而加上去的。

七、大庆油田是在1959年9月20日喷油的,当时正值建国十周年前夕，为纪念这个喜庆的日子，故名大庆。

八、"慈"字和一个孝子有关。据南宋乾道《四明志》卷十六《慈溪县志》，当地有一条溪，本名大隐溪。后汉有一孝子董黯，因卧病在床的母亲爱喝这条溪的水，于是他就"筑室溪滨，板舆就养"，终于把妈妈的病治好。大隐溪便被人称为"慈溪"。当地也以此溪为名。

九、"驻马店"本为"苎麻"，因当地古有以种植苎麻为业的苎麻村得名。后明代在此设驿站，"苎麻"讹为"驻马"，遂被称为驻马店。

十、"莞"是一种形似水葱的植物，俗名席子草，可用来编织席子。东莞地处宝安东面，当地人本以编莞席为业，以此得名。

十一、"蓝"不是兰花，而是玉名。蓝田出美玉。《通典·州郡三》云："玉之美者曰球，次曰蓝。"蓝田因玉得名。

十二、基隆因山得名，此山本名鸡笼山，因其形似鸡笼。清同治年间设海防于此，依谐音改名为基隆。

鸟名十二问

一、画眉头色较深而有黑斑，眼圈呈白色，犹如精心描画出来的蛾眉，因此得名。

二、"企"的本义是踮起脚跟站着，引申出企盼的意思。"企鹅"一名取意于这种动物的一个特征性动作——它们经常在岸边伫立远眺，似乎在翘首企盼着什么。

三、"斑鸠"的"斑"是指杂色的花纹和斑点。斑鸠的身体为灰褐色，颈后有白色或黄褐色斑点，因以得名。

四、鹁过着一种群居生活，据说总是七十只在一起形成一个小群体。因此，人们在造这个字时，就在"鸟"的左边加上"七"与"十"，"鹁"字就由此而来。古代曾流行鹁是"百鸟之妻"的错误说法，说鹁只有雌鸟而无雄鸟，雌鸟可以与任何一种雄鸟交配而繁衍后代。这种说法很可能是由于鹁雌雄的羽毛颜色很接近，同时繁殖期间雄鸟不孵卵、不筑巢，也不照顾雏鸟，所以在人们的印象中是没有雄鸟的。这也是古人为什么会用"老鹁"来称呼开设妓院的女人的原因。

五、相思鸟，是红嘴相思鸟的别名。因雌雄鸟常成对活动，形影不离，像恋爱中的情人，因而得名。

六、八哥的额前羽毛耸立如冠状，两翅有白色翼斑，飞翔时更明显，从下往上观看，左右的白色纹形呈"八"字，八哥即由此得名。

七、"麻雀"的"麻"指细碎斑点。麻雀的头部和颈部呈栗褐色，背面褐色，杂有黑褐色斑点，尾羽为暗褐色，故名。

八、"兀"是光秃的意思。兀鹫的头和颈部羽毛因退化而裸露，因以得名。

九、1522年，西班牙"维多利亚"号船长艾尔·卡诺率领他的船队从马鲁古群岛（位于马来群岛中，现属印度尼西亚）返回西班牙，给国王带回五张美丽绝伦的鸟皮。一时间，人们纷纷传说，卡诺船长带回来的是来自天堂里的鸟。直到1824年, 有位自然科学家在新几内亚的热带森林中亲手采集到"来自天堂里的鸟"的标本, 这时人们才知道这种鸟是新几内亚热带丛林中一种很常见的鸟。不过, 由于欧洲人自16世纪以来一直把这种鸟称作birds of paradise (意思是"天堂里的鸟"), 因此这个名字一直沿用至今。

十、大型的火烈鸟身高90~150厘米, 羽色深红。火烈鸟一般群体出没, 最大的鸟群有上万只。当它们结群飞行时, 玫瑰色的羽毛与太阳光交相辉映, 有如晚霞蔽空, 壮丽无比, 好像一片烈焰在天际扩展延伸, 故名火烈鸟。

十一、"信天翁"的得名, 和这种鸟的习性有关。宋洪迈《容斋五笔》卷三记载:"其一类鹄, 色正苍而喙长, 凝立水际不动, 鱼过其下则取之, 终日无鱼, 亦不易地, 名曰'信天缘'。"鸟名有雅谑意味:"信天翁", 即相信天意的老翁;"信天缘", 即相信上天赐予的缘分。

十二、吐绶鸡头部有红色肉瘤, 其色如火, 其形如鸡冠, 故又名"火鸡"。

成语十二问

一、不是酒的名称。"痛饮黄龙"语出《宋史·岳飞传》, 表现的是岳飞的豪情壮志:"直抵黄龙府, 与诸君痛饮尔。""黄龙"是金人的京城。

二、"汗牛充栋"形容书籍极多。用车载,拉车的牛累得冒汗;用屋藏,堆满了屋子。"充栋"的"栋"指房屋。

三、指经书的天头。古代四书五经的天头部位,留有大块空白,刊印评点和讲解文字,是谓"高头讲章"。

四、"雌黄"是一种橙黄色的矿物质,可用来制退色剂。古人书写有误,便以雌黄涂改。"信口雌黄"意即不负责任地乱说,随时准备改变。

五、"望洋兴叹"中的"洋"释为海洋,这是一种误解。"望洋"是联绵词,也可写作"望阳""望羊",形容仰视的样子。

六、"筹"指竹、木制成的筹码,主要用来记数或计算,引申指办法、计策。"一筹莫展"即一点办法也想不出。

七、"萧墙"即照壁,宫室里用作屏障的矮墙,和"萧"姓人家无关。古代"萧"通"肃",因萧墙分隔内外,故至此则肃然。"祸起萧墙"指事情发生在内部。

八、不是。"刊"指消除。古人在竹简上写字,发现差错,即采取"刊"的办法修改。"不刊之论"是不需要作任何修改的言论。

九、"镳"是马嚼子,不是马鞭。"扬镳"即往上扯马嚼子,这是驱马前进的动作。

十、不是。"汤"的古汉语意义是沸水。

十一、"科"指法规、法令。"作奸"是做坏事,"犯科"即犯法。

十二、"兵"指兵器。"厉兵"是磨快兵器。

水果名十二问

一、不对, 沙田是地名。广西容县沙田人夏纪纲将家乡生产的蜜柚献给乾隆皇帝品尝, 乾隆吃了连声赞好, 随即赐名"沙田柚"。从此, 沙田柚作为进贡朝廷的珍果, 年年入朝, 逐渐名扬四海。

二、鸭梨原产地是河北, 已有2000多年的栽培历史。鸭梨果呈倒卵圆形, 靠近果柄的地方有一鸭头状突起, 形似鸭头, 故名鸭梨。因主要在天津口岸出口, 又称天津鸭梨。为了听起来文雅些, 人们又称"鸭梨"为"雅梨"。

三、西瓜原产于非洲, 埃及栽培西瓜已有五六千年的历史。据《新五代史·四夷附录》记载, 西瓜是从五代时由西域传入中国的, 因此得名为"西瓜"。

四、相传明朝郑和率船队三下南洋, 离家日久, 许多船员归心似箭。一天, 郑和在岸上发现一堆奇果, 拾得数个同大伙一起品尝, 多数船员称赞不已, 竟使思家的念头一时淡化了。有人问郑和这种果叫什么名字, 他随口说:"流连。"后来人们就根据"流连"的读音将这种水果定名为"榴梿", 也有人写作"榴莲"。

五、从名字上看, 哈密瓜似乎只应产于哈密。其实, 新疆能种此瓜之地不少, 而且味道都不错。但最早获得"哈密瓜"名称的新疆甜瓜却产自鄯善。传说, 乾隆皇帝吃了新疆进贡的甜瓜后问身边的人:"这是什么瓜?"那些人不知其名, 只知是哈密王进贡来的, 信口答道:"这是哈密瓜。"哈密瓜遂由此得名, 迄今未变。据说, 乾隆吃的那个瓜产自鄯善，原是鄯善进贡给哈密王的。鄯善哈密瓜品质优异，因此鄯善被称为"中国哈密瓜之乡"。

六、明代医学家李时珍在《本草纲目》中说："其形如水杨子而味似梅，故名。"水杨子，又叫水杨梅。"其叶对生，叶小，花生叶腋，花圆球状。生水边，条叶甚多，子如杨梅……"（吴其濬《植物名实图考》）

七、樱桃又名樱珠，其果形似桃，圆润如珠。"樱"其实是"瓔"的改写，"瓔"的意思是像玉的石头。

八、"提子"来自广东话。粤语中称葡萄为"菩提子"，"提子"是简称。菩提子本是菩提树的果实，常用来做佛珠，跟葡萄无关。因为两者形状相似，就把葡萄叫菩提子了。

九、"脐橙"之所以叫"脐橙"，主要是因为果实下方长得很像肚脐眼，所以就有人称之为肚脐柑，简称脐橙。

十、不对。蛇果是苹果的一个品种，英文名delicious，原产美国。这种苹果在香港被称为"地厘蛇"。"地厘蛇"是粤语根据delicious音译的，由此衍生出将这种苹果称为"蛇果"的用法。

十一、日本是世界上著名的雪国之一，有众多赏雪名景。其中，富士山雪景更是天下闻名。每年冬季，富士山基本被白雪包裹。然而富士山雪景还有一奇异的"红富士"景观。在晴朗的早晨，朝阳金光万丈，波长较长的红色光波投射到巍峨的富士山上，白色山峰变得嫣红，就像少女的脸庞。富士苹果是日本于20世纪中叶培育出的优良苹果品种，从普通富士当中选出的颜色好的变异品种，统称为红富士。红富士苹果因色泽红艳恰如迷人的红色富士雪景而得名。

十二、据说栽培草莓时，为保持果实的清洁，常用蒿草将植株垫高，所以得名"草莓"。

蔬菜名十二问

一、黄瓜是西汉时从西域引进的蔬菜，最初叫作"胡瓜"。《本草纲目·菜部三》记载："张骞使西域得种，故名胡瓜。"书中还记载了"胡瓜"改呼"黄瓜"的原因："北人避石勒讳，改呼黄瓜，至今因之。"石勒，羯族人，是十六国时期后赵的建立者。羯族曾被称为"羯胡"。石勒为了提高羯族人的地位，将胡人称为"国人"，同时禁称"胡"字，"讳'胡'尤峻，诸胡物皆改名"，"胡瓜"就是那时改为"黄瓜"的。之所以称作"黄瓜"是因为这种瓜成熟后，浑身由绿变黄。《齐民要术》记载，北魏时，黄瓜要等色黄才采摘，和现代人喜欢碧绿青翠的嫩黄瓜不同。

二、冬瓜名称的由来有多种说法。有一种说法是，冬瓜老熟之后，皮上长一层厚厚的白霜，酷似冬日白雪落于其上，故取名为"冬瓜"。

三、有记载称："李时珍曰：'一根岁生十二子，如慈姑之乳诸子，故以名之。'"

四、关于"蚕豆"的得名，主要有两说：一说称李时珍认为，蚕豆"豆荚状如老蚕",故名;一说蚕豆成熟时正当春蚕上蔟之时,故名蚕豆。

五、《说文解字》说"韭"是象形字,字形就像长在地上的韭菜;还说:"一种而久者,故谓之韭。"韭菜是多年生草本植物,可以一茬一茬地割。可见"韭"原是从"久"得音的。

六、芥蓝,味道像芥菜,颜色像蓼蓝,所以叫芥蓝。

七、丝瓜嫩果作蔬菜食用,成熟后果实中的纤维硬化,除去果肉,即成为丝网状的纤维束,"丝瓜"因此得名。

八、中国人很早就发现,菰感染上黑粉菌就不抽穗,茎部膨大,形成纺锤形的肉质茎,味道鲜美。这就是现在食用的茭白。茭白属禾本科,是多年生水生草本植物,根交错。《本草纲目》记载:"江南人呼菰为茭,以其根交结也。"这就是它得名的原因。

九、草菇是一种伞菌,因栽培于稻草堆上而得名。草菇别名很多。因它生长在稻秆上,闽粤一带,称为秆菇;由于菌柄基部有一蛋壳形的苞脚,又称美味苞脚菇;而烘干时具有特殊浓郁的香味,因此又称兰花菇。

十、明朝王象晋的《群芳谱》称南瓜为"番南瓜"。《本草纲目》说"南瓜种出南番",故名南瓜。

十一、菠菜原产于亚美尼亚及伊朗一带,汉朝时从西域波斯(即现今的伊朗)引进中国,故得名"菠菜",又名"菠薐(léng)菜"。

十二、塔菜,又名塌棵菜,菜植株塌地生长,多层叶密集排列,平展如盘状, 叶墨绿色, 是不结球白菜类蔬菜中塌地生长的主要类型, 简称塌菜。"塌"字不吉利, 塔菜是塌菜的改写。

酒名十二问

一、"二"是第二的意思。二锅头酒是我国酿造史上第一个以酿酒工艺命名的白酒, 在蒸酒过程中掐头、去尾、保留中段, 故称"二锅头"。"掐头"指在蒸馏时, 先将从蒸锅流出的酒去掉一部分, 因为这部分所含的低沸点物质乙醛、丙烯等使酒暴辣, 刺激感强;"去尾"就是为了防止过多的高脂肪酸等高沸点的物质流入酒中, 去掉一部分最后流出的酒。

二、花雕酒又称"女儿红""状元红"。早在宋代, 绍兴家家会酿酒。每当一户人家生了小孩, 满月那天就选酒数坛, 请人在酒坛上刻字彩绘 (通常会雕上各种花卉虫鸟、民间故事、戏剧人物、山水亭榭等), 以兆吉祥。然后泥封窖藏。待孩子长大出嫁、娶亲, 便将酒取出用以款待宾客。因酒坛外雕绘有各种民族风格的彩图, 故取名"花雕酒"。生女儿的美其名曰"女儿红", 生儿子的则喜称为"状元红"。

三、加饭酒是绍兴酒的代表, 是因为在生产时改变了配料的比例, 增加了糯米或糯米饭的投入量而得名的。

四、"干"是英语dry的直译, 意思是没有甜味。干酒是没有甜味的酒的统称, 如干红、干白。

五、剑南春酒产于四川绵竹，而绵竹在唐代属于剑南道（所谓"剑南"，就是剑门关之南）。剑南春酒历史悠久，脱胎于唐代的"剑南烧春"，以地命名。

六、五粮液酒是浓香型白酒的杰出代表，以高粱、大米、糯米、小麦和玉米五种粮食为原料，经陈年老窖发酵，精心勾兑而成。

七、不是。全兴大曲源远流长。乾隆年间，有位王姓酿酒师在成都东门外大佛寺侧，开办"福升全"（谐音"佛身全"以求大佛保佑）酒坊，专门取用著名的薛涛井的井水酿酒。道光年间，福升全酒坊在城内建立新的作坊，以"福升全"的"全"字为首字，取名曰"全兴成"，酿出的酒也命名为"全兴酒"。

八、"古井"二字是实指。古井贡酒产于安徽省亳（Bó）州市古井镇（原亳县减店集）。因此地有一口古井（系三国遗迹），水质清澈透明，对人体有益的矿物质含量极其丰富。当地人用此井水酿酒，得名"古井酒"。曹操煮酒论英雄，用的就是古井酒。到了明代万历年间，此酒为进贡宫廷之酒，故得名"古井贡酒"。

九、"郎酒"之"郎"系泉名。郎酒产于四川省泸州市古蔺县二郎镇，当地是丘陵地带，用以酿酒的水取自高山深谷中的一处清泉——郎泉，郎酒因此而得名。

十、西凤酒原产于陕西省的凤翔、宝鸡、岐山、眉县一带，而以凤翔城西柳林镇所产最出名。自唐朝以来，凤翔一直是西府台所在地，故人们称之为"西府凤翔"。西凤酒即由它的产地而得名。

十一、是的。熟啤酒是经巴氏灭菌或瞬时高温灭菌以延长保质期;而生啤酒则是通过物理方法除菌——微孔膜过滤除菌达到保质要求,由于没有受高温损伤,这样就保持了啤酒的生鲜口味。

十二、"鸡尾酒"是个外来词(英文cocktail)。这种酒的得名,有多种说法,最权威的是国际酒吧者协会(IBA)的教科书给出的解释:很久以前,一批英国船只开进了墨西哥的尤卡里半岛的坎佩切港,经过长期海上颠簸的水手们找到了一间酒吧,喝酒聊天。酒吧台上,一位少年酒保正用一根漂亮的鸡尾形无皮树枝调着一种混合饮料。水手们好奇地问酒保这种混合饮料的名字,酒保误以为对方是在问他树枝的名称,于是回答,"考拉德·嘎窖"。这在西班牙语中是公鸡尾的意思,以讹传讹,便成了"鸡尾酒"。

菜名十二问

一、"炝虎尾"这道菜,用小鳝鱼即划鳝丝用的"笔杆鳝鱼"的下半段炝制而成。因鳝鱼尾部有深褐色的斑点,形同虎纹,故名。

二、正确的写法,应是"松鼠鳜鱼"。据说,此菜是乾隆下江南时,由苏州松鹤楼首创。不是因料得名,而是因形得名。清代《调鼎集》中写道:"拖蛋黄炸黄作松鼠式。"鳜鱼经油炸后,形似松鼠,故名。

三、"棒棒鸡"上桌时,只有鸡丝,没有棒棒。为什么叫"棒棒鸡"呢?原来鸡肉煮熟后,要用小木棒将鸡肉捶松,以使调料容易入味。

四、"佛跳墙"始于清道光年间，原名"福寿全"，据说由福州聚春园菜馆创制。此菜用了海参、鱿鱼等十八种珍贵原料，其味鲜美绝伦。有一秀才品尝以后，当场赋诗一首，其中有句云："坛启荤香飘四邻，佛闻弃禅跳墙来。"从此以后便改称"佛跳墙"。

五、指烹调用的容器。"仔"为广东方言，本指儿子，引申指年幼的或形小的。"锅仔"即小的锅子。凡"锅仔菜"皆用小锅现场烧煮。

六、有人说因在豆腐上撒肉末，形似麻点，故名。其实不确。"麻婆豆腐"的得名，和其创始人有关。此菜始创于清同治初年，创始人为一陈姓小饭店店主之妻刘氏。刘氏面部有麻点，时人呼之为陈麻婆，因豆腐一菜名闻遐迩，后该店改名为"陈麻婆豆腐店"。这道菜便以"麻婆豆腐"为名流传开来。

七、"宫保鸡丁"源于贵州，盛于四川，所以一般称之为川菜。此菜的得名和丁宫保有关。丁宫保即清咸丰进士丁宝桢，他在调任山东巡抚期间，加封太子少保，人们为表示尊敬称他为丁宫保。此人爱吃花生炒鸡丁，曾指导家厨不断改进烹饪方法。"宫保鸡丁"这道菜，便是由丁府传到民间的。写作"宫爆鸡丁"，当是音近致误。

八、焗，音jú。这是一种利用蒸汽使食物变熟的方法。据说，它最初是由盐民发明的。盐民把经过初步加工的鸡，埋在被太阳烤热的盐堆里面，日后取出来吃，风味独特。"盐焗鸡"便是这样"焗"成的。

九、"三不粘"据说是清代宫廷御厨创制的，它以鸡蛋黄、淀粉和白糖为原料，色泽金黄，鲜滑爽口。所谓三不粘，是指不粘盘、不粘筷、不粘牙。

十、不是。竹荪属真菌类，又名竹参，可见其身价之高。原产地在贵州山区。因生长在茂密而潮湿的竹林中，故名。

十一、"圈子"即猪直肠。此菜始于清末，由老正兴菜馆传开。原名"炒直肠"，后因菜名不雅，以直肠呈圆圈形改称"炒圈子"，现常和草头相配。

十二、"木须"是误写，正确的写法应是"木樨"。"炒木樨"即炒蛋，因北方"操蛋"有骂人意，故改称"炒木樨"。"木樨"是桂花，和炒熟的蛋在颜色和形状上有相似处。

点心名十二问

一、"担担面"的得名，和叫卖方式有关。据说，这种风味小吃创始于1841年。当时，四川自贡有一小贩，每天挑着一副担子，一头是锅灶，一头是面、碗及各种调料，沿街叫卖，现吃现做，人称"担担面"。

二、"春卷"是由立春之日食用春盘的习俗演变而来的。据西晋周处《风土记》载"元旦造五辛盘"，就是将五种荤辛蔬菜置于盘中供人食用，以示迎春接福，故又称春盘。唐时演化成"春饼"，每逢立春日，将生菜切细，用薄饼卷着食用。元代以后出现了"春饼"放入锅中油炸的制作方法，逐渐演变成了今日的"春卷"。

三、乾隆皇帝下江南时，多次微服私访。一次他坐在渔舟之中，适逢大雨，饥肠辘辘，便向渔翁要碗面吃。渔翁说："南方人爱吃米饭，没有准备面条，一时又找不出擀面杖，做不出面来。"这时渔翁的孙女正和小花猫玩耍，她灵机一动，说："没有擀面杖就用手捻嘛！"说着她就自告奋勇做起面来：将面团搓成长条，揪成小面疙瘩，再用大拇指捻出小窝窝，煮熟后浇上鱼虾卤汁，鲜美诱人。乾隆尝后十分满意，问："这是什么面？"渔翁孙女看了小花猫一眼，俏皮地说："猫耳朵。"此名从此流传开来。

四、"烧卖"或者"烧麦"，都不是原来的名称。关于这道点心的最早记载，见于公元14世纪高丽出版的汉语教科书《朴通事》。书中说北京午门外店铺出售"素酸馅稍麦"，并加注说："以麦面做成薄片，包肉，蒸熟或汤食之，方言谓之稍麦。"为什么叫"稍麦"呢？一是麦面制成，二是"当顶撮细似线稍系，故曰稍麦"。另一说认为本称"纱帽"，《嘉定县续志》便有记载："以面为之，边薄底厚，实以肉馅，蒸熟即食最佳。因形如纱帽，故名。""烧卖"或"烧麦"是因为和"纱帽"音近而讹传的。

五、"臊子面"是出自陕西省岐山县的传统风味。据传，当地有户人家的媳妇，做得一手好面食，她做的面"薄如纸，细如线，下到锅里莲花转"，小叔子总也吃不够。小叔子长大后，请朋友到家里做客，朋友吃了他嫂子做的面都赞不绝口，打听这是什么面。小叔子说"嫂子面"，因面里放有臊子，嫂、臊又音近，后来便传为"臊子面"。

六、很早以前，浙江乌镇有家"天顺糕饼店"，店里卖的小酥饼很受欢迎。店老板生有一子一女，他把制作酥饼的手艺，传给了儿子、媳妇，为此女儿很生气。一次小姑趁嫂嫂配料时，偷偷地在里面撒了一把盐，谁知这次做出的小酥饼味道更好，赢得顾客交口称赞。老板得知原委后，便把姑嫂两人合作做出的酥饼命名为"姑嫂饼"。

七、"萨其玛"原作"萨其码"，清《燕京岁时记》中有相当详细的记载，说它是"以冰糖、奶油合白面为之"。制作萨其码的最后一道工序，是把大块的萨其码从模具中取出来，切成小块，码在一起。"切"的满语为"萨其非"，"码"的满语为"码拉木壁"，"萨其码"便是这两个词的缩写。

八、清光绪年间，云南蒙自有一位名叫张浩的秀才，为赶考在一小岛上闭门苦读。他的妻子每天过桥到岛上给他送上一锅鸡汤，因为汤上浮油起到了保温作用，放入米线和配料后很快就能煮熟，味道十分鲜美。人们后来就把用这种方法制作的米线称为"过桥米线"。

九、"艇仔"，广东方言指小船。广州珠江一带，一些船上人家，经常用鱼生、炸花生米之类配料熬粥，到荔枝湾河面上出售。做这种生意的，用的都是小船，人们便称他们卖的是"艇仔粥"。

十、"抄手"就是馄饨。"龙抄手"是四川小吃，皮薄馅嫩，汤浓色白，爽滑可口。"龙抄手"的得名，并非老板姓龙，而是当年有三个伙计在"浓香茶园"商议开抄手店，取"浓"的谐音"龙"为名，寓龙腾虎跃、生意兴隆之意。

十一、"耳朵眼炸糕"始创于1900年，创始人叫刘万春。它的得名和"耳朵眼胡同"有关。这条胡同仅一米宽，窄如耳朵眼，在天津很有名。刘万春的炸糕店，因紧靠这条胡同，于是人称店里出售的炸糕为耳朵眼炸糕。

十二、据宋代高承的《事物纪原》，诸葛亮讨伐孟获，到了泸水一带，瘴气很重，手下人说"蛮地多邪术"，主张杀死一些俘虏，用"蛮头"祭河神。诸葛亮不同意，"因杂用羊豕之肉，而包之以面，象人头以祀"。"蛮头"一词后来便演变成了"馒头"。

称谓十二问

一、《穀梁传·文公十二年》："男子二十而冠，冠而列丈夫。"意思是说，男子到了二十岁，便要举行冠礼，举行冠礼以后便进入丈夫行列。"夫"是头上戴冠的成年男子形象，"丈"则是指成年男子的高度。古代量具差异较大，比如商代一尺等于今天的16.95厘米，身高一丈本是夸张的说法，即使真的达到这个高度，也还不到170厘米呢。

二、俗话说，"皇帝女儿不愁嫁"，但贵为皇帝女儿，也是要嫁人的。皇帝身为天下至尊，不便自己主婚，便请同姓王公主持，皇帝的女儿因此被称为公主。宋代高承的《事物纪原》专门谈过"公主"的来历。

三、"驸马"的本义，确实和马有关。所谓驸马，指副车之马。颜师古注《汉书》："驸，副马也。非正驾车，皆为副马。"据《汉书·百官公卿表上》，汉武帝时设驸马都尉，掌管随从皇帝的马车。自三国时何晏以公主丈夫的身份拜驸马都尉后，后代皇帝的女婿皆循例获此封号，由此皇帝的女婿便被称为"驸马"。

四、"方丈"的本义是一丈见方。寺庙里的禅堂一般都不大，《法苑珠林》卷三八说："以笏量基，止有十笏，故号方丈之室也。"笏（hù）为古代上朝时用的狭长板子，一尺长短。"十笏"即一丈。禅堂或住持的居室大小是一丈见方，故称方丈。《西游记》里到处可看到这样的句子："玄奘就跟到方丈"，"方丈里点起灯来"……后世因此用"方丈"指代佛寺的住持或长老。

五、"员外"，是员外郎的简称。郎官是有定额的，"员外"指正员以外的郎官，通常都是用钱捐买来的，故古代大户人家的老爷都有一个"员外"的身份。

六、和演出服装有关。这些演员穿的是直接套在身上的戏装，戏装上面还绣有龙纹，故称之为"龙套"。而穿这种戏装的演员，也被称之为龙套演员。

七、宋代医官别设官阶，分大夫、郎、医效、祗候等级别，其中大夫是医官中的最高一等。称医生为大夫，意在表示尊重。

八、这和发式有关。古代女孩子常梳一丫形发髻，后来人们便用丫头来指代未婚的女孩子。早在唐代刘禹锡的诗中便有用例："花面丫头十三四，春来绰约向人时。"

九、"商人"和历史上的商朝有关。商被周推翻后，商朝遗民处于社会下层，生活十分艰难，不得不从事被社会轻视的产品交易活动。因为他们是商朝遗民，人们称他们为商人，这一正在兴起的职业也被称为商业。

十、梨园，是唐玄宗时教练宫廷歌舞艺人的地方。据《新唐书·礼乐志十二》，唐玄宗精通音律，又酷爱法曲，"选坐部伎子弟三百教于梨园，声有误者，帝必觉而正之"。这些人便被称为"皇帝梨园弟子"。后"梨园弟子"用来泛指戏曲演员。

十一、"月老"是月下老人的简称，典出唐代李复言的《续幽怪录·定婚店》：有一老人，"倚囊而坐，向月检书"，囊中还有红绳，说是只要系在男女脚上，便能千里姻缘一线牵。后来便用"月下老人"指称媒人。

十二、"老九"是"文化大革命"中对知识分子的一种蔑称。因为排在地主、富农、反革命、坏分子、右派、叛徒、特务、走资派后面，名列第九，故称"老九"。随着"文化大革命"的结束，党的知识分子政策的正确实施，这一称谓已成为历史。

中药名十二问

一、李时珍接受另一种说法:"三七"本名"山漆"。他在《本草纲目》中说:"彼人言其叶左三右四,故名三七,盖恐不然。或云本名山漆,谓其能合金疮,如漆粘物也,此说近之。"

二、"黄芪"本写作"黄耆"。耆,音qí,年长的意思。黄耆色黄,被视为补药之长,故名。

三、"巴"指产地。"巴"为古国名,其族人主要分布在今重庆、川东、陕南、鄂西一带。

四、《急就篇》卷四颜师古注:"半夏,五月苗始生,居夏之半,故为名也。"

五、"车前"古名"芣苢"(fúyǐ)。《诗经·周南》中有一首《芣苢》,便是妇女采集车前时唱的短歌:"采采芣苢,薄言采之。……"三国·吴·陆玑《毛诗草木鸟兽虫鱼疏》:"芣苢,……一名车前,一名当道。"为什么有这样两个名字呢?原来它"喜在牛迹中生,故曰车前、当道也"。

六、"川"指产地。川贝产于四川。

七、"丹"即红的意思,和地名无关。丹参俗称"红根",因色得名。

八、阿胶即驴皮胶,原产山东省东阿县,是用黑驴皮加阿井水熬成。阿井是当地一口井的名字,其水清冽甘美。"阿胶"的"阿"即与此有关。

九、地黄为多年生草本植物,以根入药。李时珍在《本草纲目》

中说:"生者以水浸验之。浮者,名天黄;半浮半沉者,名人黄;沉者,名地黄。"

十、"五味子"因具五味而得名。《本草纲目》引苏恭的话:"五味,皮肉甘、酸,核中辛、苦,都有咸味,此则五味具也。"

十一、何首乌本名交藤,因枝蔓缠绕得名。又名何首乌,和一则传说有关。据宋代高承《事物纪原》:"昔有姓何人,见其叶夜交,异于余草,意其有灵,采服其根,老而不衰,头发愈黑,即因之名曰'何首乌'也。一曰即其人姓名。"

十二、远志为草本植物,茎细如草,故名小草。李时珍在《本草纲目》中说:"此草服之能益智强志,故有远志之称。"

古代书名十二问

一、古代"尚"与"上"通用,因为这部书是上古历史文献和部分追述古代事迹著作的汇编,所以叫作《尚书》。

二、"尔"是"近"的意思,"雅"是"正"的意思,在这里专指"雅言"。"尔雅"的意思是接近、符合雅言,即以雅正之言解释古语词、方言词,使之近于规范。

三、"春秋"泛指四时。《诗·鲁颂·閟宫》:"春秋匪解,享祀不忒。"郑玄笺:"春秋犹言四时也。"因此,古人常以"春秋"代一年四季,而当时各国史书也大多以"春秋"命名。

四、《左传》的"左"是指该书的作者、鲁国的史官左丘明。左丘明用事实来补订《春秋》作《左氏传》。

五、东汉时代，儒家思想打上了神秘主义的色彩，掺进了谶纬学说。王充为对此进行批判，作了《论衡》一书。"衡"字本义是天平，《论衡》就是评定当时言论价值的天平。

六、"齐民"即"黎民"。《齐民要术·序》中有："《史记》曰：'齐民无盖藏。'如淳注曰：'齐，无贵贱，故谓之齐民者，若今言平民也。'"

七、刘勰在《文心雕龙·序志》中解释说，"文心"指"为文之用心"，"雕龙"取战国时驺奭（Zōu shì）长于口辩、被称为"雕龙奭"的典故，指精细如雕龙纹一般。合起来，"文心雕龙"等于是"文章写作精义"。

八、沈括晚年退居润州（今江苏镇江），筑梦溪园，汇集平生见闻，撰写了《梦溪笔谈》。"梦溪"是他写书的地方。

九、"本"是"根本、最重要"的意思。"本草"指的是最根本、最重要的药物。

十、四库，古代图书经、史、子、集四部的代称。唐开元间（713—741）收罗图籍，分藏长安、洛阳两地，"以甲、乙、丙、丁为次，列经、史、子、集四库"（《新唐书·艺文志》）。后因称四部为"四库"。

十一、《聊斋志异》的作者蒲松龄在科举场中屡试不第，于是潜心创作。他在路边搭建茅亭，取名为"聊斋"，内设茶水，过路人只须讲讲故事、传闻，或聊聊天，便可免费享用。蒲松龄将听到的奇闻异事，整理成文。"聊斋"就是"聊天的茅亭"。

十二、《论语》有"子不语：怪力乱神"的句子。旧时读过《论语》的人很多，看到"子不语"三字，就知道后面隐去的是"怪力乱神"。看到"子不语"这书名，读者就知道此书讲的是神鬼怪异之事。这个书名的取法近似歇后语。

用物名十二问

一、据《荆楚岁时记》，古时以火烧竹，发出爆裂之声，以为能够驱鬼。"爆竹"便因此而得名。自宋以后以纸卷火药燃放，但其形状仍和竹相似。

二、风筝历史悠久，相传为韩信创制，又称"纸鸢"。为了增强娱乐性，古人曾在纸鸢上面插上竹哨，风吹入竹，其声如筝鸣，故名"风筝"。晚唐诗人高骈有《风筝》诗："夜静弦声响碧空，宫商信任往来风。依稀似曲才堪听，又被移将别调中。"

三、这是因产地而得名。宣纸产于安徽泾县，唐代泾县属宣州，故名宣纸。此名一直沿用至今。

四、不是。这一名称同样和产地有关。端砚出于广东肇庆东郊端溪一带。肇庆古称端州，故名端砚。

五、"景泰"为明代宗朱祁钰的年号。相传景泰蓝于明景泰年间开始大量制造，其内胎以紫铜为原料，外面涂的珐琅彩釉多用蓝色，故习惯上称其为"景泰蓝"。

六、不是。狼毫笔用的是黄鼠狼毛，不是狼毛。

七、没有关系。象棋的"象"，是模仿的意思。象棋对弈者，各有十六个子，分将、士、相等，模仿在战场上交手。下棋，是一场想象中的战斗。

八、"板"形容斧头的形状，指斧面平而宽，如木板一般。板鸭、板牙、板烟、板油……这些词语中的"板"，都有平而宽的意思。

九、在《事物纪原》中，记载了一种说法："古者朝燕之服有中单，郊祭之服，又有明衣。汉祖与项羽战争之际，汗透中单，遂有汗衫之名也。"

十、指宋代的权奸秦桧。宋人张端义在《贵耳集》中，有一段生动的记载，说秦桧坐在椅子上一仰头，头巾落了下来，"京尹吴渊奉承时相"，立即找工匠对椅子进行了改制。太师椅便由此产生。

十一、这种灯最初挂在马车上，或者直接挂在马身上，故称之为"马灯"。因为使用比较方便，这种灯后来在生活中被广泛应用，但名称没变。

十二、哑铃通常为铁制。中间为圆柱形提手，两边为实心球体。其形状像双铃，但在训练时并不发声，故称"哑铃"。

乐器十二问

一、"二胡"是胡琴的一种，又称南胡。这种乐器有两根弦，故称它为二胡。

二、"风琴"的风字，和它的制造原理有关。风琴有一个很大的风箱，演奏者脚踩踏板，鼓动风箱生风，使铜簧片振动从而发出声音。

三、"琵琶"本名"批把"，指这一乐器的两种基本演奏方法。推手为"批"，引手为"把"。《风俗通·声音·批把》："以手批把，因以为名。"

四、不对。"扬琴"本名洋琴，源于波斯等地。它是明末清初由欧洲传入中国的。

五、"云锣"是一种小铜锣，通常有十面之多，悬挂于木架上，因其厚薄不同，故在打击后能发出不同的声音。也有用十三面、十五面甚至二十四面的。"云锣"的云，言其盛多，排列如云。

六、称其为"板胡"，和琴身构造有关。二胡琴筒的一端，通常蒙以蛇皮，而板胡的琴筒多用椰子壳制成，上面蒙上薄桐木板，故称板胡。

七、"阮"是一种弹拨乐器，兼有琵琶、月琴等乐器的特点。相传魏晋时的竹林七贤之一阮咸是弹奏这一乐器的高手，人们便把这种乐器称之为阮咸，简称为"阮"。

八、不是。因这种琴形似柳叶，故名柳叶琴，简称"柳琴"。

九、因箫管不封底，视之如洞，故名。

十、有两种说法：一见于传说，战国时有人善奏瑟，他的两个儿子都想把父亲的瑟占为己有，此人只好把瑟一分为二，制成一种新的乐器，因是兄弟相争的产物，故取名为"筝"。一见于典籍，汉刘熙《释名》称"筝"名与声音有关，"施弦高急，筝筝然也"。

十一、埙，音xūn，也可写作"壎"。从"土"，说明其材质为土；从"员"，说明其形如卵；从"熏"说明经过烧制而成。

十二、"钢琴"琴身虽为木制，但琴内有钢板，并有多根钢丝弦。钢琴便是通过按键带动小木槌击打钢丝弦发声，称其为"钢琴"是名副其实的。

中华名胜十二问

一、皇帝自称天子，即天帝的儿子。天帝的居处称紫宫，古人也把皇帝的居处比为紫宫。而皇宫是不许一般人进入的禁地，四周又有城墙包围，于是皇宫便称作"紫禁城"。

二、豫园是明代左都御史潘恩的次子潘允端建造的。"豫"与"愉"音近义通。潘允端曾亲撰《豫园记》云：取名豫园，乃"豫悦老亲"之意。可惜园子落成时，其父潘恩已去世，"老亲不及一视其成，实终天恨也"。

三、雨花台因盛产五彩缤纷的玛瑙石，历史上曾被称为石子岗、玛瑙岗等。相传南朝梁代一法师曾在山顶筑坛讲经，感动天神，落花如雨，后改称雨花台，玛瑙石也改称雨花石。

四、顾名思义，"虎牢"和老虎有关。相传周穆王曾在当地"射猎鸟兽",并将进献的老虎设牢圈养,故名。

五、趵,音bào,跳跃的意思。所谓"趵突",就是跳跃奔突,这是用来形容泉的壮观的。宋代曾巩曾在《齐州二堂记》中记此泉曰:历城之西"有泉涌出,高或至数尺,其旁之人名之曰趵突之泉"。

六、不是。东北人说的"棒棰",其实是指人参。远观棒棰岛,恰似一支头须完整的老山参,因而得名。

七、这是贵州的特产,就是通常说的柑子。《黔记》中说:"黔中多黄果树,即柑也。"

八、滕王阁建于唐永徽四年至显庆四年,楼主是太宗的弟弟李元婴,因他被封为滕王,楼便以其封号命名。

九、有这样一则传说:玄奘取经进了大漠以后,旅途艰辛备尝。一次在飞沙走石中,连行四五天,一行人粒米未进,眼看走入绝境。玄奘闭目祈祷之际,忽闻空中传来雁声,一只大雁将玄奘等人引至名为"野马泉"的一片绿洲,终于绝处逢生。玄奘由此发愿建塔纪念,建成后便命名大雁塔。

十、兰亭相传是越王勾践种兰花的地方,汉代曾在此设驿亭,故称兰亭。

十一、三月街的得名,是因为当地白族居民,每逢农历三月,要在街上举办集市,届时百货云集,游人如织。中华人民共和国成立后,这里发展为云南各族人民的物资交流会,规模盛大。

十二、一种说法和水色有关。道光《彰化县志》卷十二载文:"水分丹碧二色,故名日月潭。"一种说法和潭形有关。《中国名胜词典》："岛北为日潭，南为月潭，以轮廓近似日月得名。"

现代书名十二问

一、1933年5月25日《自由谈》编者迫于国民党新闻检查的压力发表启事，"吁请海内文豪，从兹多谈风月，少发牢骚"。鲁迅于1934年10月将在《自由谈》上发表的杂文结集出版，便命名为"准风月谈"。"准"还有"程度不够"的意思，"准风月谈"就是不合格的风月谈。鲁迅本非"风月文豪"，而是思想斗士，"风月谈"前加"准"，正体现了他挑战思想禁锢的斗争精神。

二、"且介"分别是"租界"二字的一半，是"半租界"之意。鲁迅当时住在上海北四川路，这是帝国主义者越过租界范围以后修筑马路的区域，当时被称为"半租界"。"且介亭杂文"，是说这些杂文创作于"半租界的亭子间"。

三、伯夷、叔齐见周武王伐殷，认为这是以乱易暴，因此不食"周粟"，最终饿死在首阳山。清人管同把伯夷、叔齐饿死的首阳山称为"饿乡"，心许为理想的圣境。苏维埃俄国是瞿秋白心中的"饿乡"，因此他将自己访问苏俄的游记命名为"饿乡纪程"。

四、"翡冷翠"是意大利文Firenze的音译，现在通常译为"佛罗伦萨"，是意大利一个城市的名字。

五、"缘缘堂"是丰子恺的寓所名，这个名字是丰子恺1926年在上海永义里的房子里抓阄抓出来的。有一天他在小方纸上写了许多他喜欢而可以互相搭配的文字，团成许多小纸球，撒在释迦牟尼画像前的供桌上，拿两次阄，拿起来的都是"缘"字，就以此给寓所命名为"缘缘堂"，并请他的老师弘一法师题写了横额。

六、《诗·小雅》有《常棣》一诗，是讲述兄弟应该互相友爱的。"常棣"亦作"棠棣"。后因以棠棣指兄弟情谊。

七、"因缘"泛指缘分，"姻缘"专指婚姻的缘分。《啼笑因缘》写的不完全是婚姻问题，所以用没有女字旁的"因缘"，是指"各有因缘莫羡人"之意，饱含人生的哲理。

八、正红旗，清代八旗之一。八旗是清代满族的一种军队组织和户口编制，以旗的颜色为号，有镶黄、正黄、镶白、正白、镶红、正红、镶蓝、正蓝八旗（正即整字的简写），凡满族成员都隶属各旗。八旗成员，统称"旗人"。老舍先人隶属于"满洲八旗"的"正红旗"，所以这篇自传体的长篇小说取名为"正红旗下"。

九、孙犁的《铁木前传》写的是铁匠傅老刚和木匠黎老东两人之间的故事，"铁木"是铁匠和木匠的简称。

十、作诗的人叫"诗人"；说作诗的话叫"诗话"。小说主人公李有才擅长说"快板"，因此被称为"板人"。这本小说写他作快板的话，所以叫"李有才板话"。

十一、"管锥"是"以管窥天，以锥指地"的意思，典出《庄子·秋水》。魏公子魏牟曾教训思想家公孙龙说："子乃规规然而求之以察，索之以辩，是直用管窥天，用锥指地也，不亦小乎！"意思是说，你琐琐碎碎地去辩论，真好比是用竹管去看天，用锥子去量地，不是太渺小了吗? 钱锺书借用这个典故, 是说自已的书不过是"管锥之见"的"汇编"而已。这个名字体现了他的自谦, 其实也包含了他以具体显现共相、从微观探求宏观的独特追求。

十二、"天龙八部"这一名词出于佛经, 包括八种神道怪物, 因为以"天"及"龙"为首, 所以称为"天龙八部"。这八种神道怪物是天、龙、夜叉、乾闼婆、阿修罗、迦楼罗、紧那罗、摩睺罗迦, 它们各有奇特个性和神通。

火眼金睛

书市散记

下面这篇短文隐藏着各类用字差错。你能把它们一一找出来吗？

新春伊始，又逢书市。和书店的萧条相比，这里依然是一派兴旺景象。展厅门前早就排成了一字长蛇阵。红旗掩隐之中，可见一副巨型的海报：一位风华正茂的女青年，双手捧着一迭书，清沏的目光眺望着前方，脸上露出了粲然的笑容。这即是一种满足，也是一种眩耀。人们远远地端祥着海报，心头涌起了无限的响往。

队伍在不断延伸。展厅频临大街，车来人往，穿流不息，但队伍始终井然有序。排队者一个个神采飞扬，目光又是那么热烈，那么虔诚。无论是精神镬铄的和霭长者，还是稚气可掬的顽皮学童，他们的年令虽然悬殊，却都有着一棵爱书的心。

排在我前面的是位性格恢谐的小伙子，他说自己有一阶段为了渲泄心头的烦燥，曾沉缅于"方城之战"，在单位的仑库里，在自家的阁楼上，经常夜以继日地鏖战。这无异于饮鸩止渴，整天人就好象掉了魂似的，因此得了个"困不醒"的浑名。这小伙子一面说着，一面还做出睡眼惺忪的样子，惹得一位排在后面的红衣姑娘笑得不能自恃。"后来怎样了呢？"我问。"那还用问吗？女朋友发出了最后通谍，我终于幡然悔悟。要不，今天会在这儿排队吗？"

九点钟到了。谈笑声嘎然而止。队伍开始缓缓移动，犹如长龙在摇拽着尾巴。越是接近展厅门口，人们越是迫不急待。谁不想先睹为快呢？我随着人流一拥而入，原本宽阔的大厅倾刻喧闹起来。大厅里悬挂着四盏吊灯，璀灿夺目；四周是盆栽花木，五色斑烂；正中是一本"巨书"造型，好比一道屏嶂，上面镶嵌着十个大字："朋友，欢迎您来遨游书海！""哇——"姑娘们夸张的语调里，洋溢着心头的喜悦。

展厅里共有十个馆：政治馆、历史馆、文学馆、艺术馆、古藉馆、翻译馆、科技馆、辞书馆、生活馆、少儿馆。我先匆匆浏览了一遍，总的印象是：扎实、丰富、健康、新颖，每个馆的布置都独具匠心。政治馆在壮严中显出热烈，馆内有一座列宁塑像，列宁上身前倾，目光如炬，下面陈列着最新出版的六十卷本《列宁全集》。站在列宁像前，我们仿佛又听到了那震撼人心的声音："忘记过去就意味着背叛。"少儿馆门前立着个神采弈弈的孙悟空，一手捧着本最新出版的《漫画西游记》，一手竖起大姆指，做出个"好看极了"的怪相。小朋友们一个个看得笑眯眯的。生活馆更是别出心裁，特意按《生活的决窍》一书的封面，布置了一个家用橱房，按装了多种家用电器，让人一走进去便有一种亲切感。

我在文学馆逗留的时间最长。这两年来，小说缺少"轰动效应"，名人传记却异军突起，有一套复盖面很广的"中外名人传记丛书"，现已出了一百多种。其中外国的有耶苏传、苏格拉底传、爱因斯坦传、裴多菲传，中国古代的有孔子传、欧阳洵传、曹植传、阮籍传、稽康传、吴道之传，现代的有鲁迅传、郑振铎传、夏丐尊传、冯雪峰传、蔡廷楷传，等等。我还留意了一下通俗文学，这里，没有地摊上袒胸露臂的粗俗画面，没有蓄意渲染的宫闱秘史，没有不堪入目的床笫私情，但作者充分尊重社会阅读心理，十分注意情节上的一张一弛，力求做到波澜起伏，曲经通幽，引人入胜。有一本《趣味考证》的通俗读物，单看标题，便令那些平铺直叙、味同嚼蜡的"专著"相形见拙。比如：狗为什么要咬吕洞滨？荆柯刺秦王用的什么匕首？陈搏一觉到底睡了多少年？华陀的"麻沸散"现在还能配制吗？太上老君的练丹炉温度有多高？张择瑞的《清明上河图》是真迹还是膺品？……

辞书单独列馆，也许还是第一次。这反映了辞书出版事业的繁荣兴旺。辞书馆共分三大类：语文类辞书、专业类辞书和鉴赏类辞书。作为一个出版工作者，到这里来"扫瞄"一下，还是大有裨益的。你会发现哪些门类已经泛烂成灾，亟须另辟溪径；哪些门类仍是寥若辰星，正有待于开掘。在语文类辞书中，成语辞典可谓琳琅满目：学生成语、绘图成语、多用成语、同义成语……争奇斗胜，应有尽有。我随手查检了十条成语：素昧平生、世外桃园、不容置啄、唇枪舌箭、感恩载德、越俎代庖、黄梁美梦、亡羊补牢、眼花缭乱、忧心冲冲，发现除个别辞典外，多数辞典的铨释文字如出一辙，甚至连例句也毫无二致。丰富而不多彩，不能不说是美中不足。

竞争最激烈的，当推生活馆。各地出版社从选题的新颖、内容的实用、装桢的精美等方面展开了全面较量。在旅游读物专柜，我信手打开一本《踏遍青山人未老》，不能不佩服编者思考的周密。第一章为"旅游种类"，编者历数密月旅游、渡假旅游、文化旅游、美食旅游、探险旅游、写作旅游……第二章编者设计了各种旅游路线，既有到北京、广州、成都、西安等大都会的，也有到番禺、衮州、杨州、株州等小城市的；第三章介绍名胜传说，从凤鸣歧山、荥阳大战，一直谈到灞桥折柳、兰田美玉，娓娓道来，绘声绘色；第四章为地域文化和特产，荷泽的牡丹，毫县的古井贡酒，新疆的哈蜜瓜，肖山的罗卜干，福建的蒲仙戏，江西的戈阳腔，直至绍兴的《目莲救母》，陕北的《翻身道情》……让人目不暇接。编者还专设一章谈旅游知识，如怎么搭帐蓬，怎么辨方向，旅途中怎样锻炼身体，怎样遇险自救，等等，甚至还附录了近年来美元、英磅、法朗、马克、日元和人民币的汇价。有这样一册书在手，真可"万事不求人"了。

　　展厅的出口处，专门辟有一间"留言室"。一批读者正在排队留言："愿出版界再接再励"，"做人不可好高鹜远，出书应该高瞻远瞩"，"图书，既要有品味生活的小夜曲，更要有呕歌时代的交响乐"……我默默地诅嚼着，心中暗暗为这些题词喝采。怎样才能不孚众望呢？我带着这个问号离开了书市大厅。

西山抒情

下面这篇短文隐藏着各类用字差错。你能把它们一一找出来吗？

傍晚时侯，到达昆明。天正下着蒙蒙细雨，山环海抱的春城，尤如披上了一袭轻纱，在矜恃中显得格外妩媚。热情的主人驱车送我们到下塌的宾馆，几句寒喧之后，便情不自禁地谈起了西山。那不无自得的神情，激起了我们强烈的响往。

据说，在宾馆便能远眺西山。可惜这时已是万籁俱寂的深夜。待主人告别以后，我推开了临街的窗，只见远处街灯璀璨，树影婆娑，山石重迭，月光如银，四周笼罩着一片温馨。呵，多么令人沉醉的春城之夜！这时，我不禁想起了扬州的廋西湖，灵壁的禹王宫，蒲田的古樵楼，济南的灼突泉……西山呵，你又该呈现出怎样一番风彩呢？

第二天在市区的大观楼上，我终于见到了西山清淅的轮廓。传说中的西山像个"睡美人"，你看，那秀美的长发，正披散在滇池中呢！我却觉得林木掩映下的山峰，更似一群奔马，振鬣长嘶，腾欢跳跃，向着胜利目标，在撒蹄驰聘呢！苏东坡《题西林壁》诗曰："不识庐山真面目，只缘身在此山中。"其实，"欲识庐山真面目，还须身在此山中"。只有置身于西山道上，才更能看清西山粗旷险竣的雄姿和飘逸秀美的风光。

　　会议结束那天，主人宣布明天游揽西山。会场里暴发出一阵掌声。说心里话，我们还真担心会取消这一节目呢。次日零晨，主人自任响导，车子一路颠波，由市区直驶郊区。极目望去，处处幅射着春的气息：清沏的池圹，嘻戏的白鹅，修茸一新的小学校舍，金璧辉煌的影剧院，随着道路的延伸，一一仆入眼帘。不到半个小时，车子已抵山前。这时，游人正蜂涌而至，熙来嚷往，一片欢腾。

　　大名顶顶的西山，简直是世外桃园。且不说那"云气千峰出，烟霞一径通"的华亭寺，也不说那缠绵动人的民间传说"孝牛泉"，单看这西山脚下：奇花异卉竞相开放，山泉汩汩而出；烟囱高耸的厂区里，隐隐传出机器的欢鸣；还有那挺拔的大叶榆丛中的招侍所、疗养院……这一切都揉进了那湖光山色之中。西山的最高处是龙门，站在那峰顶上，尘世的躁杂嘎然而止，仿佛已在九宵云中，只觉得悬岩凌空，天风浩荡。我的脉膊顿时激烈起来。有时，一抹云霞从峰顶缓缓游过，旭日倾刻间把云霞染得徘红，成了"睡美人"化装台上的一根采带。龙门上有一副对联："仰笑宛离天尺五，凭临恰在水中央。"既景生情，对仗工整，俯仰之间，别有天地，没有丝毫的娇揉造作之态，堪称传神之笔。

　　西山上的三清阁、达天阁，在人文古迹中，是品位很高的艺术品。无论是宏观还是细部，都可看而又耐看。你看，连从三清阁到达天阁的回旋屈折的石径，都是从悬崖峭壁上直接雕出来的。达天阁正面是"魁星点斗"的塑象，神采奕奕；背景是八仙过海的浮雕，八仙有的脚踏祥云，有的手柱铁拐，有的金钢怒目，有的雍容大度，神态迥然不同。魁星前面还有焚香炉、腊烛台。我们进去时，正燃着一柱清香，室里香烟撩绕。整个作品层次清楚，构思严谨，造型生动，笔触精细。某些粗制烂造的城市雕塑是不能望其项背的。有二个年轻的小伙子，大概是步行上山的，风尘扑扑，汗流夹背。他们对视了一下，特意搬了搬香炉，想惦量一下这炉的重量，谁知炉身岿然不动。原来它是和西山紧紧连在一起的。观尝的人们不由发出了"啧啧"的赞叹。

据说，这些珍贵的艺术遗产，出自清代一位戆厚的老石工之手。为了使自己的作品不落巢臼，他在山上渡过了自己一生的整整七十年时间。可惜的是，当他最后修改魁星手中的毛笔时，一不小心碰断了笔尖。老石工潜然泪下。尽管这并未破坏整个作品的神韵，他却觉得自己糟塌了艺术而不能愿谅自己。一向精神镬烁的老人变得木纳迟纯起来，终于在一个秋风箫瑟的夜晚，报憾从龙门跳进了滇池。我一面诅嚼着这则民间传说，一面注视着魁星奇异而深邃的眼睛，不能不为老石工精堪的艺术造脂和执着的艺术追求所震憾。我觉得，他是一位真正的艺术家。

从西山上下来，在晚霞和暮蔼之中，我们晋竭了聂耳墓。真的是一杯黄土！有人曾说这里是"衣冠冢"，后来我们访问过聂耳的哥哥聂叙伦，老人说是他亲自把聂耳的骨灰接到西山安葬的。我们缓缓仃住脚步，把一束黄兰相杂的山花献在墓前，气氛庄严肃穆。墓碑上有郭沫若的提词，郭老称聂耳是"中国革命之号角，人民解放之鼙鼓"，对聂耳的革命音乐创作做出了高度的评价。

168

是的，在那魔鬼蹁跹的黑暗之日，在那糜糜之音弥漫之时，聂耳却在党的领导下，怀着对革命前途的希翼，热情地呕歌革命。他的歌如火把一样，在人们的心头熊熊燃烧。在聂耳的歌曲中，人们听到了那响彻环宇的时代的声音，人民的声音。难怪当年"四人邦"会对"聂耳、冼星海音乐会"百般阻绕。然而，人民是不会忘记自己的音乐家的。今天，聂耳创作的国歌的战斗弦律，不正在鼓午着中国人民前进的步伐吗？

站在聂耳的墓旁，我想，这位人民的音乐家，虽然只活了短短的二十三年，但他的歌曲将永远和滇池的波光相映，和西山的松涛长鸣。

胸中蛙鼓

下面这篇短文隐藏着各类用字差错。你能把它们一一找出来吗?

我出身在一个偏辟的乡村。家门前有条河, 两岸杨柳成行, 柳条儿醮水摇曳。记得小时候, 常喜欢一个人立在河边, 好象哨兵一样, 了望着蜿蜒远逝的帆影。有时运粮船队从身边缓缓而过, 不时传来"款乃"一声, 伴着潺潺流水, 有如天赖入耳, 不觉心广神怡。

有我家屋后有方池塘。池水澄沏, 云影徘回, 水草丰茂。塘里游鱼穿棱, 历历可数。到了夏天, 荷叶上伏着一身翠绿的青蛙, 两眼虎视耽耽, 还真有点睥睨八方的气慨。当荧火虫在窗棂间闪灼时, 池塘里便会擂起蛙鼓, 有时高吭, 有时沉郁, 有时一蛙高奏, 有时群蛙和鸣, 声震四野。那时我还背不出"稻花香里说丰年, 听取蛙声一片"的词句, 更说不清丰收欠收和青蛙之间的生态联系, 但一曲庄户人听得暗熟的"田园交响乐", 已足以把我引入一个浮想联篇的境界。

然而, 池塘并不宁静。月光下, 我常依偎在妈妈身边听故事, 什么吕洞滨在螺丝壳里做道场啊, 张天师用杆面杖吹火啊, 韦陀锻造银样腊枪头啊……每当听到兴头上时, 池塘那边会突然传来"吱——"的一声, 急促, 凄厉, 煞那间又变得暗哑, 或者挣扎着延长。仅管我对此早有予感, 心头还是按奈不住一阵战粟。妈妈这时总是停下手中的蒲扇, 咀巴里咕哝一句: "青蛙又被蛇盘住了。"我的情绪于是再也无法松驰下来，面对着沧茫的夜空，涌起一股莫名的委曲，真想嚎淘大哭。我想象不出那温柔钝厚的小生物在蛇的盘绕下，该是怎样的残不忍睹。

通霄难眠，不能自己。好不容易挨到第二天一早，从柴仓里抄起一根竹杆，再从瓦铄堆中拣上几块石头，顺手把帽沿往下一压，便开始满池塘地搜寻。塘边草木葱笼，鸦噪雀喧。我只管一路拔弄过去，只要一看到洞口，也不管它是不是蛇洞，顿时迸足力气把竹杆戳进去。别人爱屋及鸟，我是爱屋及蛙。我一心要为青蛙复仇，使自己被刺伤的情感得到一点补尝。

接触到生物学知识，已是在我和故乡睽违多年之后。这时，才对青蛙有了一点感性的了解。科学家告诉我们，蛙属两栖动物，在我国有一百四十多个品种：泽蛙、湍蛙、石蛙、树蛙、琴蛙……不胜攻举。青蛙素有"农田卫士"的美称，稻螟、稻蝗、蝗虫、菜花虫、金花虫、天牛、蝼蛄等，都是它的"主食"，一只青蛙一年至少要吃掉一万只以上的害虫。据有关部门实验统计，养蛙区农植物要比非养蛙区农植物平均产量增涨12%左右。青蛙对医学也有特出贡献。日本东京耸立着一座青蛙记念碑，便是一所医学院为记念十万只被介剖的青蛙而建立的。青蛙还可以制药。以我国东北的一种山蛙为药材，能提练出治疗精力溃乏的名贵中药"哈士蟆油"。……呵，青蛙，你永远是这样雄纠纠，气昂昂。你不仅是"卫士"，而且是"勇士"，不仅可爱，而且可敬。

青蛙身上还具有浓厚的文化色彩。且不说国外烩炙人口的"青蛙王子"童话，也不说青蛙频频亮相的《伊索寓言》《克雷洛夫寓言》，单在我国的古典诗词中，便有多少吟咏青蛙的名篇佳什！"黄梅时节家家雨，青草池圹处处蛙"，早已成了千古留传的名句。老舍出题、白石老人挥毫的《蛙声十里出山泉》，可谓构思巧妙，在文坛、艺坛传颂一时。相传毛泽东同志年轻时也写过一首七绝青蛙诗："独坐池塘如虎居，绿荫树下养精神。春来我不先开口，哪个虫儿敢作声？"托物抒怀，表达了一种远大的报负。这和那些拾人牙彗的诗歌相比，堪称自出机纾，别开生面。而在这些艺术形象中，不正掺透着人类对青蛙的特殊情感吗？

善良的人们是懂得保护青蛙的。这在我国有着渊远流长的传统。我曾在一位因病肆业的同学家里，读到过一本百纳本的史书，上面便记载着"良吏护蛙"的功迹。在我的家乡，也有"宁嚼槽头草，不食田中蛙"的民谚。今天，我们的政府更是明令禁止捕食青蛙。欧州有些国家为了保护青蛙，简直到了苦心孤脂的地步。在德国经常可以见到一种别出心栽的交通标志牌：绿色的三角形中间画着一只大青蛙。这是提醒驾驶员当心青蛙穿越公路。荷兰和瑞士的农村，为了给青蛙让路，甚至规定车辆下午五时到零晨五时改道行驶。发韧于英国的"青蛙穿越公路、铁路讨论会"，现已发展成为很多国家都积极参予的国际会议。手头正巧有一张不知剪于何时的报纸，上面有这样一段报道："青蛙迁徒开始，征集青蛙哨兵。"当报纸、电台传出这一消息后，挪威、瑞典、丹麦、荷兰、瑞士的许多志原者便取出胶靴，带着日用品，集中到青蛙迁徙经过的公路两旁守夜。他们提着塑料桶，把一个个青蛙捉到桶里，然后再提到公路另一边放掉。这是何等壮观的场面，何等深邃的目光，何等搏大的胸怀。

然而，丑恶总是与善良并存。有人保护青蛙，也有人疟杀青蛙。青蛙俗名"田鸡"，从这个名字，便不难想到它的命运。青蛙真是交上了厄运。大小饭店都增设了"清炒蛙腿"之类的"名菜"，令饕餮之徒对之唾涎欲滴。农贸市场更是随处都可见到宰杀青蛙的另售摊贩。这些人置国家禁令于不顾，见利忘义，姿意妄为。而有关管理部门，或者无能为力，一愁莫展，或者干脆眼开眼闭，得钱卖放，只要你缴纳管理费，一切听之任之，结果导致"青蛙市场"恶性"繁荣"。望着在屠刀下痉孪的青蛙，我从内心感到悲衷。我仿佛又听到了故乡池塘里传来的那"吱——"的一声。人类在和自己开着多么残酷的玩笑！

我国云南昆明曾召开过一次"灵长类保护国际研讨会"。与会代表身穿印有丛林和动物的文化衫，上面写着一行字："动物活不了，人类还能生存吗？"真是言简意骇！这既是呼吁，也是鞭苔。我们每一个在地球上生活的现代人，不都应该穿一穿这件文化衫，并对其中的含义深长思之吗？

捕"虎"记

下面这篇短文隐藏着各类用字差错。你能把它们一一找出来吗?

这是一座频临海边的城市。琴声夹着涛声,绵延起伏;街旁树木婆娑,浓荫宜人。谁知就在这一片温馨之中,99年3月10日凌晨二时,发生了一宗凶杀大案。

公安局会议厅里灯火璀灿,刑侦队长正在通报案情:"……当我们赶到现场,只见张总倒在血泊之中。张总今年40几岁,是一位竞竞业业的新型企业家。夫人这天正巧去桂林旅游,家里就他一人。室内一片狼籍,靠墙的一排大橱更是天翻地复,物品撒落一地。地板上发现了两枚骰子,骰子面上有一丝不易察觉的焊缝,可见是特制的。由此推测,作案者可能有沉缅于赌搏的恶习。我们建议,侦破工作就从调查骰子开始。"

局长点头赞许,当场发出了追辑令。三个小队连夜出发,目标是几处位于市郊集合部的聚赌场所。一小队首先到达目的地,这是一坐低档歌午厅。昏黄的灯光下,弥漫着嘈杂的弦律,整个大厅散发出"叮叮咣咣"的怪响,歌者声嘶力竭,渲泄得如醉如痴。刑侦人员出奇不意地出现,引起一阵骚动。原来这里正有几个赌徒相互勾结,设下陷井,诱人下水。刑侦人员就地审询,发现了两枚和凶杀案现场相同的骰子。一经追问,原来它的主人是海虹桥下大名顶顶的"黑虎"。

　　小队长立即向局里汇报，得到命令后，直扑海虹桥。"黑虎"生于一离异家庭，性格怪癖，心胸狭窄，平日寻衅闹事，有持无恐。刑侦人员赶到他住地时，先控制了对面一幢楼的至高点，同时在四周布点守侯。"黑虎"既使添了双翼，也难逃出这天罗地网。正在这时，墙脚边传出声音，原来是有人拔打手机。队员们竖耳一听，不是"黑虎"是谁？他们曾经多次打过交道。四名队员尤如大鹏展翅，一下子把"黑虎"仆倒在地。出人意料的是，他手上抓着的，正是张总的手机。真是人脏俱获，一切真相大白。

　　蹦紧的神经终于松驰下来。刑侦队员押着"黑虎"返回时，回想这一夜风波叠起的侦破过程，一个个笑逐颜开，兴奋的不能自己。

（秋耘　设计）

长风破浪会有时
——出版改革座谈会侧记

这篇文章，是由《咬文嚼字》设计的，曾供部分新闻、出版单位作考核用。文中除用字错误、用词错误、语法错误外，还有标点错误、数字错误等等，请你一一改正过来。每改对一处得一分，改错一处扣一分。你能得多少分？

初夏时节，虽说不上骄阳似火，但气温也够炙人的。为了迎接建社50周年，一场关于如何深入开展出版改革的座谈会，于02年5月20日在我社召开。这天虽是星期6，会议室里早已是挤挤一堂。大家一面寒喧，尽情渲泄着心中的快乐，一面已迫不急待地开始讨论。

上午九时会议正式开始。高明远社长首先汇抱一年来的出书情况。由于全社同志的共同努力，使我社在今年新春书市上声誉雀起，订货量几乎翻了1番。新推出的科普读物"银河书系"，在读者中悄悄展露头角；它和早已名闻暇迩的"夜读文丛"，已成鼎足之势，堪称我社图书中的两根支柱。更令人可喜的是，浮燥情绪正在得到克服，全社精神面貌焕然一新。这是我社大展鸿途的最重要的条件。

参予会议的同志，首当其冲讨论了改革的目标问题。大家一致认为，出版改革是否成功，关键并不是图书品种的丰富、也不是个人收入的增加，而是出版工作要更加有效地组织社会文化生产，为建设社会主义精神文明服务。已经离休的老编辑郑宏应邀出席会议。郑老今年已是七十二、三，但精神镀铄，性格粗旷，说话声如洪钟。他端祥着红色会标，拨直嗓门说道："无视市场是错误的；迁就市场同样有失偏颇。改革，是要我们更加坚定地沿着社会主义目标前进。社里形势很好，我们为之额首称庆，但决不能小有成就，便踌躇满志"。郑老的发言嘎然而止，会议室里响起一片掌声。

总编辑刘成同志提出了"书品"问题。他认为书品有三层含义：一是品质要真，目前书市上有些书以"大全"自炫，以"精典"自居，一个个气慨非凡，炒作得淋漓尽至，其实是"泡沫图书"泛滥；二是品位要高，那些津津乐道于拈花惹草、床第私情的所谓纪实文学，捕风捉影、兜售隐私的所谓名人传记，已经不知有羞耻二字，任何时侯我们都要保持警惕。三是品相要美，书不仅要有阅读价值，还要有观尝价值，装祯要有现代意识，版式也要追求个性。刘总原是美编出生，谈起图书美学，自是十分老到。

发行经理小董非常赞成刘总发言。前些日子，华东地区在山东荷泽召开订货会，他在现场坐阵。他说："刘总的发言言简意赅。这些年在市场的薰陶下，我最大的体会是，一定要实施精品战略。我们的'夜读文丛'之所以能在书市上深受亲睐，在读者中不径而走，就因为这是一套别出心裁的精品书。这套书不仅选题新颖，作者人选整齐，犹为人称道的是，作者能站在时代的至高点上，用入目三分的文笔，针贬世道人心，揭示生活真缔，从而起到了震聋发聩的作用。可见，出书只有独辟溪径，才能出奇致胜。"小董的感慨，引起了很多编缉的共鸣。

午饭以后，会议继续。围绕"热点"问题，展开了一场争论。究竟应该追赶热点？还是无视热点？一直以来便有不同意见；今天会上更是唇枪舌战，争论不已。赞成者认为应该"追赶"，因为热点是一种市场现象，反应了读者的阅读需求，无视热点是出版活力馈乏的表现；反对者则认为"追赶"是一种机会主义，丧失主体意识，一有热点便星急火燎，趋之若骛，非但赶不上热点，还会误入岐途，前景令人堪忧。双方各执一词，顿时热闹非凡。

高社长及时做了分析。他认为对于热点应持辨证的态度。热点是一种客观存在，是一种文化现象，不能视而不见；但是，也不能象长颈鹿一样，整天伸长脖子东张西望，哪里热就往哪里靠，如同邯郸那样，跟着别人学步，忘了自己是谁。要有一种前瞻的眼光，予见热点；同时还要有一种捕捉的能力，营造热点。要以我为主，而不是唯"热"是从。高社长还特别强调，我们要有一个合理的出书结构，而不是只顾热点，不及其他。他非常风趣地说：今天中午请大家吃饭，既有冷盘海蛰、烤夫、酸缸豆、糖罗卜，又有热菜炸里肌、蒸扁鱼、炒蓊菜、炖面巾，还有水果哈蜜瓜、弥猴桃，再加上点心酒酿园子。这就是橱师精心考虑的结构。我们出书同样要讲究结构，冷热结合，动静结合，大小结合，长短结合，既要有长春藤，又要有月季花，这样才能保持文化上的"生态平衡"。

　　座谈会临近尾声，有人提出了图书编校质量问题，又一次掀起了高潮。大家认为，"无错不成书"的局面虽已引起重视，但还没得到根本的扭转。据报载，某书差错严重，读者索赔已状告法院，不日将对薄公堂。某名人传记，有人声称要出勘误本，不知是真是假？校对科王天兴科长说，对此我们不能兴灾乐祸，相反要反躬自问，举一反三。编校差错的大量存在，首先是因为思想上重视不够，总认为文字问题瑕不掩玉，孰不知既使内容再好的书，也会因为编校差错而玷污形像。其次是制度不够完善，有些制度名存实亡，或者编辑自持经验丰富，自编自校，难免留下遗憾。还有一点，便是编校人员自身的功力问题，缺乏相关的知识准备，心有余而力不足。这一切，其实正是深化改革所要解决的，今年在这方面一定要有所动作。

　　会议结束时，高社长代表社领导，向全社仝人表示感谢，并以一诺千斤的口气，表示一定要大家做好服务工作。他还说："长风破浪会有时，直挂云帆济苍海。只要我们全社同舟共济，齐心协力，出版改革这条大船一定会永往直前的。"

指路

下面这篇短文隐藏着各类语文差错。你能把它们一一找出来吗？

星期6下午，一个看上去20几岁的年轻人，风尘扑扑地赶到了北京大学。他和老同学相约在图书馆门前见面，却不知道去图书馆的路该怎么走？

正是邻近年底时候，天气开始转冷。校园里的行人廖廖无几。小伙子一手拎着行礼，一手擦着额上沁出的汗珠，露出一脸的焦灼。就在这时，他看到不远处有一位做清洁工的阿姨，正在专注地清扫落叶，赶忙跑上前去问路。

这位阿姨和霭可亲。她停下手中的活，用手指着前方说："你沿着这条路，走到一个十字路口，左拐；再继续向前，走到第二个十字路口，还是左拐，图书馆就在靠右手边。"小伙子得到了详细指点，神情顿时松驰，一身的疲劳几乎消失殆尽。他谢过阿姨后，大踏步地向前走去。

孰不知就在走出一、二十公尺后，突然听到身后有人说"你停一停"！小伙子不知道是在叫自己，还是叫别人，迟迟疑疑得回过头来，见到一位带鸭舌帽的老者，在向自己招手。老人轻声告诉他说："刚才阿姨让你第一次左拐是对的，但第二次不是左拐，而是右拐。"

小伙子一脸不解:"老先生,你既然听到了她的话,为什么把该怎么走不当场告诉我呢?"

"我要当场纠正,岂不是让那位阿姨尴尬?那是不尽人情的。她虽然说错了,却是一片好意。一个人的好意,是应该得到尊重的。"

这位老人,就是著名学者季羡林先生。他让我们懂得了,善良,不仅是没有恶意,不仅是态度亲切,而是设身处地地为别人着想。

(郝川 设计)

"不淋一人"淋几人

文中有10处差错，你能找出来吗?

一个夏日的夜晚，尚须禅师和两个弟子坐在一颗繁茂的大树下乘凉。尚须说："有这样两句诗，'绵绵阴雨二人行，奈知天不淋一人。'你们说说看，是什么道理呢?"

两个弟子正值争强好胜的年纪，常为一些无畏的小事争论不休。二人兴奋起来，立刻唇枪舌战地争辩起来：

"因为两人当中有一个穿了蓑衣，另一个没有穿。"

"既然穿了蓑衣，走在雨中也还是会被淋，'不淋一人'应该是说一个人走在房檐下无雨之处，另一个走在道路中间有雨之处。"

"有风的时候，房檐下也未必就无雨，你的解释也太缺乏常识了!"

"那穿了蓑衣就更不对了，蓑衣、布衣都是衣，为什么穿了蓑衣就不会被淋呢?"

"蓑衣跟布衣怎么会一样呢? 蓑衣……"

"好了，"尚须禅师制止道，"看看自己争执到何处去了，还有，你们为何非要执着于'一人'呢，这句难道可以理解成'二人都未被淋雨'吗?"

听了禅师的话，两个弟子面面相虚，顿时若有所悟。

切记执着于一言一词或者概念的论辩，这样会在不知不觉中迷失自我。更为重要的是，会遮蔽事实的真像，毫无意义。

(梁北夕 设计)

朱光潜先生二三事

文中有10处标点差错，你能都找出来吗？

朱光潜先生的工作态度是一丝不苟的。他总是不断地告诫自己，要向抵抗力最大的方向走。记得有次聊天，先生给我解释他的笔名为什么叫"孟实"？他说："孟，是老大的意思。我家里弟兄三人，我排行第一；实，是坚实，踏实的意思。这正是我做人的态度。"

写作《谈美书简》一书时，朱先生说马克思的《经济学——哲学手稿》对美学研究非常重要，但此书的中译本艰涩难懂，还有不少误译。为此，他决定自己翻译其中的两章——《异化的劳动》《私有制与共产主义》。当时正值隆冬季节，北京气温骤降、大雪纷飞。朱先生到系里上班时，拄着拐杖，还用草绳捆住鞋子，但还是摔了一跤，被路过的学生送进医院，脸上缝了四、五针。下午，当探望他的人，推开病房的门时，不禁愣住了，原来他正在床上翻译《手稿》呢。

"大人者不失赤子之心"，朱先生曾用这句话做文章的题目。这也可用作对他本人的评价。在回忆留学欧洲的经历，一个人钻进意大利的地下墓道、考察哥特大教堂和壁画的起源时，先生突然情不自禁地笑了起来，露出一脸的神秘，说："罗马教皇还摸过我的头呢"！那笑容天真烂漫。

　　先生一向很达观。我们甚至讨论过："人怎样看待生死"这样一个话题。这是一位法文专家到访后引起的。"我再向前半步，就是坟墓了，"朱先生平静地说："但我一切听其自然。"他随即给我背了陶渊明《形影神》中的句子："纵浪大化中，不喜亦不惧；应尽便须尽，无复独多虑。"他怕我听不懂，还特地把这几句写在纸上。一面写一面说："我没有多少个明天了，一定要抓住今天。抓住今天等于两个明天。"

（浩义 设计）

刘邦斩白蛇

文中有30处用字错误，你能都找出来吗？

刘邦，秦末沛县丰邑人。早年任沛县泗水亭长时，押送一批劳工去骊山为秦皇嬴政修筑陵墓，但途中不断有人偷偷脱逃。刘邦对此毫无办法，急得一愁莫展。他想：照这样下去，既使到达骊山，所剩劳工也会廖廖无几，大家都会受牵连，遭杀生之祸。万般无赖，刘邦只好释放剩下的劳工，让大家各自逃命去。刘邦对劳工说："秦皇残暴，草管人命，无数无辜百姓被他无情杀戮，咱们到了骊山也难免一死，不如大家各奔东西，自寻出路吧！"许多人见刘邦宽宏大度，豪气充天，有几分英雄气慨，愿意终生追随。

在一个月光朦胧的晚上，刘邦等人行色匆匆，来到芒砀山的崇山峻林之中。忽然一人大声惊叫，然后惊慌失措地跑来报告："前面有一条大白蟒挡住了道路，咱们绕道而行吧！"刘邦朗声大笑道："英雄有胸怀天下之抱复，志在干一番天翻地复的宏图大业，所到之处，无不迎风披糜，区区一蛇，怎能挡住道路？"他拨剑而行，步履骄健，倾刻间便到白蟒前。刘邦出奇不意，手起剑落，白蟒立马陨命，断为两截。顿时蛇血喷溅，染红了路上的土石。众人都楞住了，无不为之震憾，对刘邦佩服地五体投地。

此事不径而走，一传十，十传百，几月间刘邦便声名雀起，顶顶大名在芒砀山传开。后来竟然还有人说刘邦是赤帝之子，是天帝派来灭秦的。秦末乱世之中，走头无路的人们食不裹腹，衣不蔽体，把刘邦当成了济世救民的圣主，迫不急待地前往投奔。于是追随刘邦的人越来越多，刘邦势力逐渐强大，后来举旗反秦，终于建立了大汉王朝，登上了帝王的宝座。

(立青　设计)

吴冠中"烧楼"

文中有10处差错，你能都找出来吗？

在当代中国画坛，吴冠中大名顶顶，有"当代中国最贵画家"之称。这可不是浪得虚名，他的《长江万里图》在2010年拍出了5712万元人民币，创造了内地中国油画作品拍卖的新标干。可你知道吗，这样一位"落笔成金"的画家，多年来一直保持着烧画的习惯，如果他觉得作品有暇疵，便会忍痛烧毁。

19世纪50年代，吴冠中创作了一组井冈山风景画，后来他感到不满意，便陆续烧掉了。1966年，他把从法国留学回来后画的几百张作品熔于一炉。改革开放后，他的作品很受欢迎，市价一路高涨。1980年，他在东京举办个人画展，一副《巴黎蒙马特》卖出了104万港元。然而，到了1991年，他将自己多年来不满意的作品集中起来，一次烧了200多张。那次烧画，有人撞见了，大为惊讶，说："您的画价等于楼价，这不是烧楼吗？"

吴冠中生前说起"烧楼"的事，总是哈哈一笑。看似不以为然，其实他也心疼。他在《毁画》一文中说，撕画时是满怀婉惜之情的，"我往往叫儿媳替我撕，我确乎也有不忍下手的隐痛"。

那他对自己的作品为何如此苛求呢？原来，在他心里，只有让明天的行家挑不出毛病的画才值得保留。他说："作品表达不好一定要毁，古有'毁画三千'的说法，我认为那还是少的。"

毀去了不满意的，留下的自然更加弥足珍贵。但吴冠中不是为自己、为家人留的。他对家人说："我的作品不是遗产，房子、钱可以留给你们，但作品要捐给国家……"在他生命的最后几年，吴冠中散尽所藏，将画陆续捐赠给了北京故宫博物院、中国美术馆、新加坡国立美术馆等……

吴冠中"烧楼"，和某些"书画大师"的"流水式作画"相比，其境界不啻有天壤之别。

（庞劲梅 设计）

赵氏孤儿

文中有10处差错，你能都找出来吗？

司马迁的《史记·赵世家》，为世人讲述了一则震撼人心的故事。

战国时期，晋国奸臣屠岸贾作乱，以前相国赵盾犯有"弑君"罪为名，于晋景公三年（前597年）诛灭了赵氏家族。赵朔（赵盾之子）的妻子因为是晋景公的姑姑，躲在宫中避祸而免难。当时，她已有身孕。

阴霾笼罩着晋国。一天，赵朔的好友公孙杵臼碰到了赵朔的门客程婴，问他为何没有为主人殉难？程婴回答说："主人的妻子已经有孕，假如有幸生了男孩，那么我将抚养他，助他复兴赵氏；假如是女孩，那么我还是会殉难的。"公孙杵臼与程婴心意相通，为了救援赵氏后代而结成了生死之交。

不久，赵朔的妻子生下了一个男婴。屠岸贾听说后，就带人到处搜寻。城里的风声越来越紧。

在这生死悠关的时刻，公孙杵臼和程婴肝胆相照，密议保护赵氏孤儿的计策。经过反复权衡，两人决定上演一出"调包记"。当时，程婴的儿子正好与赵氏孤儿差不多大。公孙杵臼便抱着程婴的儿子躲进山中。程婴则故意跑去向屠岸贾告发，说公孙杵臼抱着赵氏孤儿藏在山里。屠岸贾迅即带兵捕杀了公孙杵臼和"赵氏孤儿"。

真正的赵氏孤儿以"程婴的儿子"的身份得以逃过厄运。之后，程婴背着卖友的恶名，忍辱偷生，含辛如苦地抚养赵氏孤儿。赵氏孤儿长到十五岁的时候，成了一名身手矫健的少年。程婴决定向他揭秘，告诉了他当年赵家被灭门的真相。于是，赵氏孤儿找准时机，联合诸将，一起除掉仇人屠岸贾，成功地为家族复了仇。

这时，程婴觉得自己的使命已经完成，恶名也已洗涮。对公孙杵臼的早死，他一直怀有谦疚之情。为了到地下报与赵盾和公孙杵臼知道复仇已经成功，他毅然选择了自杀。

程婴和公孙杵臼舍生取义的事迹，被后世广为传诵。

（张兵 设计）

时间管理

文中有10处差错，你能都找出来吗？

教授先在桌子上放了一支罐子，再从桌子下面拿出一些正好可以从罐口放进去的"鹅卵石"，然后一块一块地往里放，直到不能再放为止。

教授问他的学生："这罐子满了吗？"

"满了。"学生们一口同声地回答。

"真的吗？"教授面带神秘的微笑，又从桌子底下拿出一袋碎石，再把碎石子从罐口倒进去，用力摇一摇，再加一些，直到不能再倒为止。

"现在罐子是满了或者没满？"教授再问学生。

这回学生学乖了，不敢轻率回答，教室里鸦鹊无声。

在教授再三鼓励下，一位学生小心翼翼地低声回答："也许没满……"

"很好！"教授颔首微笑，又从桌下拿出一袋沙子，慢慢地倒进罐子里。

倒完后，教授再问学生："你们再告诉我，这个罐子是满的吗？"

"没有满！"同学们似乎全开窍了，都大声回答。

教授竖起大姆指，幽默地夸耀这些学生："儒子可教也。"

再从桌底下拿出一瓶水，把水倒进看起来已经被鹅卵石、小碎石、沙子填满了的罐子。

"你们从中得到了什么启示？"教授郑重地问同学。

班上一阵沉默。

"无论我们的工作多忙，行程排得多满，如果安排合理，还是可以多做些事的。"最后一位学生聪明地回答。

"答案不错，"教授喜笑眼开，满意地说道："对工作进行合理安排，就是对时间进行有效管理！"

(立青 设计)

共享单车到曼城

文中有10处差错，你能找出来吗？

在城市病越来越重的今天，共享单车搭配公交，成了解决"最后一公里"问题的理想方案。共享单车低炭环保，外型亮丽，技术先进，受到越来越多都市人的亲睐。继风糜中国的北上广等城市之后，共享单车跨出国门，一路火到不列颠。

据媒体报道，2017年7月，共享单车正式登录曼彻斯特！曼城人一觉醒来，发现满大街都是色彩艳丽的共享单车，立刻在社交网络上掀起了一大波"眩车"浪潮。

"小伙伴们早上好！本人刚刚第一次骑了共享单车，感觉非常棒！"

"这些共享单车看起来就很高大上！骑车到达市中心，好爽！"

曼城人热钟于尝试"新鲜事物"，他们认为，来自中国的共享单车能改变当地人的出行方式，让城市更环保，更健康。

"中国共享单车是个很好的示范——企业是如何让成千上万人生活得更好的。"

"全世界都应该为中国的共享单车点赞，减少全球污染，让城市生活更美好。"

没错，拥有共享单车让曼城人非常骄傲。而常年引领傲娇潮流的伦敦人，因为共享单车，竟然卖起了萌："@共享单车，请来伦敦，拜托拜托……"

伦敦拥堵的交通、高昂的交通费，让伦敦人发自内心地渴望中国共享单车的入驻。在物价高胀的英国，中国共享单车的价格十分低廉，30分钟内只须50便士。这也是让许多英国人点赞的主要原因之一。

（望岷 设计）

《火眼金睛》参考答案

书市散记

(以别字出现的先后为序, 括号中为正字)

1. 掩隐 (映)
2. 一副 (幅)
3. 一迭 (叠)
4. 清沏 (澈)
5. 即 (既) 是
6. 眩 (炫) 耀
7. 端祥 (详)
8. 响 (向) 往
9. 频 (濒) 临
10. 穿 (川) 流不息
11. 镬 (矍) 铄
12. 和霭 (蔼)
13. 年令 (龄)
14. 一棵 (颗) 爱书的心
15. 恢 (诙) 谐
16. 渲 (宣) 泄
17. 烦燥 (躁)

18. 沉缅 (湎)
19. 仑 (仓) 库
20. 饮鸠 (鸩) 止渴
21. 好象 (像)
22. 浑 (诨) 名
23. 睡眼惺松 (忪)
24. 不能自恃 (持)
25. 通谍 (牒)
26. 嘎 (戛) 然而止
27. 摇拽 (曳)
28. 迫不急 (及) 待
29. 倾 (顷) 刻
30. 璀灿 (璨)
31. 斑烂 (斓)
32. 屏嶂 (障)
33. 古藉 (籍)
34. 壮 (庄) 严

35.震憾 (撼)

36.弈弈 (奕奕)

37.姆 (拇) 指

38.别出心栽 (裁)

39.决 (诀) 窍

40.橱 (厨) 房

41.按 (安) 装

42.复 (覆) 盖

43.耶苏 (稣)

44.欧阳洵 (询)

45.稽 (嵇) 康

46.吴道之 (子)

47.夏丏 (丐) 尊

48.冯雪锋 (峰)

49.蔡廷楷 (锴)

50.床第 (笫)

51.一张一驰 (弛)

52.曲经 (径) 通幽

53.味同嚼腊 (蜡)

54.相形见拙 (绌)

55.吕洞滨 (宾)

56.荆柯 (轲)

57.陈搏 (抟)

58.华陀 (佗)

59.练 (炼) 丹炉

60.张择瑞 (端)

61.膺 (赝) 品

62.扫瞄 (描)

63.泛烂 (滥) 成灾

64.另辟溪 (蹊) 径

65.寥若辰 (晨) 星

66.素昧 (昧) 平生

67.世外桃园 (源)

68.不容置啄 (喙)

69.唇枪舌箭 (剑)

70.感恩载 (戴) 德

71.黄梁 (粱) 美梦

72.忧心冲冲 (忡忡)

73.铨 (诠) 释

74.装桢 (帧)

75.密 (蜜) 月

76.渡 (度) 假

77.番禹 (禺)

78.衮 (兖) 州

79.杨 (扬) 州

80.株州 (洲)

81.凤鸣歧 (岐) 山

82.荣 (荥) 阳

83.兰 (蓝) 田

84.荷 (菏) 泽

85.毫 (亳) 县

86.哈蜜 (密) 瓜

87.肖 (萧) 山

88.罗 (萝) 卜干

89.蒲 (莆) 仙戏

90.戈 (弋) 阳腔

91.目莲 (连) 救母

92.帐蓬 (篷)

93.英磅 (镑)

94.法朗 (郎)

95.再接再励 (厉)

96.好高鹜 (骛) 远

97.呕 (讴) 歌

98.诅 (咀) 嚼

99.喝采 (彩)

100.不孚 (负) 众望

西山抒情

(以别字出现的先后为序, 括号中为正字)

1.时侯 (候)

2.尤 (犹) 如

3.矜恃 (持)

4.下塌 (榻)

5.寒喧 (暄)

6.响 (向) 往

7.万籁 (籁) 俱寂

8.重迭 (叠)

9.茏 (笼) 罩

10.温馨 (馨)

11.廋 (瘦) 西湖

12.灵壁 (璧)

13.蒲 (莆) 田

14.古樵 (谯) 楼

15.灼 (趵) 突泉

16.风彩 (采)

17.清浙 (晰)

18.轮廓 (廓)

19.驰聘 (骋)

20.粗旷 (犷)

21.险竣 (峻)

22.游揽 (览)

23.暴 (爆) 发

24.零 (凌) 晨

25.响 (向) 导

26.颠波 (簸)

27.幅 (辐) 射

28.清沏 (澈)

29.池圹 (塘)

30.嘻 (嬉) 戏

31.修茸 (葺)

32.金璧 (碧) 辉煌

33.仆 (扑) 入

34.蜂涌 (拥)

35.熙来嚷 (攘) 往

36.大名顶顶 (鼎鼎)

37.世外桃园 (源)

38.竞 (竞) 相开放

39.汨汨 (汩汩)

40.烟囱 (囱)

41.欢呜 (鸣)

42.挺拨 (拔)

43.招侍 (待) 所

44.揉 (糅) 进

45.躁 (嘈) 杂

46.嘎 (戛) 然而止

47.九宵 (霄)

48.悬岩 (崖)

49.脉膊 (搏)

50.倾 (顷) 刻

51.徘 (绯) 红

52.化装 (妆)

53.采 (彩) 带

54.既 (即) 景生情

55.娇 (矫) 揉造作

56.屈 (曲) 折

57.塑象 (像)

58.手柱 (拄) 铁拐

59.金钢 (刚)

60.迥 (迥) 然

61.腊 (蜡) 烛

62.一柱 (炷)

63.撩 (缭) 绕

64.粗制烂 (滥) 造

65.二 (两) 个

66.风尘扑扑 (仆仆)

67.汗流夹 (浃) 背

68.恬 (掂) 量

69.观尝 (赏)

70.懃 (憨) 厚

71.不落巢 (窠) 臼

72.渡 (度) 过

73.潜 (潸) 然泪下

74.糟塌 (蹋)

75.愿 (原) 谅

76.镬 (矍)

77.烁 (铄)

78.木纳 (讷)

79.迟纯 (钝)

80.箫 (萧) 瑟

81.报 (抱) 憾

82.诅 (咀) 嚼

83.深邃 (邃)

84.精堪 (湛)

85.造脂 (诣)

86.震憾 (撼)

87.暮蔼 (霭)

88.晋竭 (谒)

89.一杯 (抔) 黄土

90.叮 (停) 住

91.黄兰 (蓝) 相杂

92.提 (题) 词

93.糜糜 (靡靡) 之音

94.希翼 (冀)

95.呕 (讴) 歌

96.环 (寰) 宇

97.四人邦 (帮)

98.阻绕 (挠)

99.弦 (旋) 律

100.鼓午 (舞)

胸中蛙鼓

(以别字出现的先后为序, 括号中为正字)

1.出身 (生)

2.偏辟 (僻)

3.醮 (蘸) 水

4.好象 (像)

5.了 (瞭) 望

6.款 (欸) 乃

7.天赖 (籁)

8.心广 (旷) 神怡

9.澄沏 (澈)

10.徘回 (徊)

11.穿棱 (梭)

12.虎视耽耽 (眈眈)

13.脾 (睥) 睨

14.气慨 (概)

15.荧 (萤) 火虫

16.闪灼 (烁)

17.高吭 (亢)

18.和呜 (鸣)

19.欠 (歉) 收

20.喑 (谙) 熟

21.联篇 (翩)

22.吕洞滨 (宾)

23.螺丝 (蛳)

24.杆 (擀) 面杖

25.韦陀 (驮)

26.腊 (镴) 枪头

27.煞 (刹) 那

28.暗 (喑) 哑

29.仅 (尽) 管

30.予 (预) 感

31.按奈 (捺)

32.战粟 (栗)

33.咀 (嘴) 巴

34.松驰 (弛)

35.沧 (苍) 茫

36.委曲 (屈)

37.嚎淘 (啕)

38.温柔钝 (敦) 厚

39.残 (惨) 不忍睹

40.通霄 (宵)

41.不能自己 (已)

42.竹杆 (竿)（两处）

43.瓦铄 (砾)

44.帽沿 (檐)

45.葱笼 (茏)

46.鸦噪雀暄 (喧)

47.拔 (拨) 弄

48.迸 (屏) 足

49.戮 (戳) 进去

50.爱屋及鸟 (乌)

51.剌 (刺) 伤

52.补尝 (偿)

53.睽 (暌) 违

54.感 (理) 性

55.不胜玫 (枚) 举

56.农植 (作) 物（两处）

57.增涨 (长)

58.特 (突) 出

59.记 (纪) 念（两处）

60.介 (解) 剖

61.提练 (炼)

62.溃 (匮) 乏

63.雄纠纠 (赳赳)

64.烩 (脍) 炙人口

65.名篇佳 (佳) 什

66.池圹 (塘)

67.留 (流) 传

68.传颂 (诵)

69.虎居 (踞)

70.报 (抱) 负

71.拾人牙彗 (慧)

72.机纡 (杼)

73.掺 (渗) 透

74.渊 (源) 远流长

75.肆 (肄) 业

76.百纳 (衲) 本

77.功迹 (绩)

78.欧州 (洲)

79.苦心孤脂 (诣)

80.别出心栽 (裁)

81.零 (凌) 晨

82.发韧 (轫)

83.参予 (与)

84.迁徙 (徙) (两处)

85.瑞土 (士)

86.志原 (愿) 者

87.搏 (博) 大

88.疟 (虐) 杀

89.厄 (厄) 运

90.唾 (垂) 涎欲滴

91.另 (零) 售

92.见利望 (忘) 义

93.姿 (恣) 意

94.一愁 (筹) 莫展

95.得钱卖 (买) 放

96.痉孪 (挛)

97.悲衷 (哀)

98.文化杉 (衫) (两处)

99.言简意骇 (赅)

100.鞭苔 (笞)

捕"虎"记

(以差错出现先后为序, 括号内为正确的)

1.频 (濒) 临

2.99年 (1999年。年份不能缩略)

3.凌晨二 (2) 时

4.璀灿 (璨)

5.40几岁 (四十几岁。带有几字的数字表示约数, 必须使用汉字)

6.竞竞 (兢兢) 业业

7.旅遊 (游。遊是淘汰的异体字)

8.狼籍 (藉)

9.天翻地复 (覆。覆已于1986年10月10日恢复使用)

10.不㑇 (易) 察觉

11.沉缅 (湎)

12.赌搏 (博)

13.追辑 (缉) 令

14.集 (接) 合部

15.一坐 (座)

16.歌午 (舞) 厅

17.弦 (旋) 律

18.叮叮哜哜 (当当, "噹"是淘汰的异体字, 不能类推简化)

19.渲 (宣) 泄

20.出奇 (其) 不意

21.陷井 (阱)

22.审询 (讯)

23.大名顶顶 (鼎鼎)

24.怪癖 (僻, 怪癖是名词, 怪僻是形容词)

25.有持 (恃) 无恐

26.至 (制) 高点

27.守侯 (候)

28.既 (即) 使

29.墙脚 (角)

30.拔 (拨) 打手机

31.尤 (犹) 如

32.仆 (扑) 倒

33.人脏 (赃) 俱获

34.蹦 (绷) 紧

35.松驰 (弛)

36.风波叠 (迭) 起

37.兴奋的 (得)

38.不能自己 (已)

长风破浪会有时——出版改革座谈会侧记

(以差错出现先后为序, 括号内为正确的)

1. 灸人 (炙人)

2. 02年 (2002年)

3. 星期6 (星期六)

4. 挤挤一堂 (济济一堂)

5. 寒喧 (寒暄)

6. 渲泄 (宣泄)

7. 迫不急待 (迫不及待)

8. 汇抱 (汇报)

9. 使我社 (我社)

10. 声誉雀起 (声誉鹊起)

11. 翻了1番 (翻了一番)

12. 展露头角 (崭露头角)

13. 名闻暇迩 (名闻遐迩)

14. 已成鼎足之势 (已如双璧辉映)

15. 令人可喜 (可喜)

16. 浮燥 (浮躁)

17. 涣然一新 (焕然一新)

18. 大展鸿途 (大展鸿图)

19. 参予 (参与)

20. 首当其冲 (首先)

21. 图书品种的丰富、也不是个人收入的增加, 而是出版工作要更加有效地 (图书品种是否丰富, 也不是个人收入是否增加, 而是出版工作能否更加有效地)

22. 七十二、三 (七十二三)

23. 镂铄 (鏒铄)

24. 粗旷 (粗犷)

25. 端祥 (端详)

26. 拔直嗓门 (拔直嗓门)

27. 是错误的；(是错误的，)

28. 有失偏颇 (失之偏颇)

29. 社会主义目标 (社会主义道路)

30. 额首称庆 (额手称庆)

31. 踌躇满志"。(踌躇满志。")

32. 嘎然而止 (戛然而止)

33. 精典 (经典)

34. 气慨非凡 (气概非凡)

35. 淋漓尽至 (淋漓尽致)

36. 床第 (床笫)

37. 时侯 (时候)

38. 保持警惕。(保持警惕；)

39. 观尝 (观赏)

40. 装祯 (装帧)

41. 美编出生 (美编出身)

42. 刘总发言 (刘总的发言)

43. 山东荷泽 (山东菏泽)

44. 坐阵 (坐镇)

45. 言简意骇 (言简意赅)

46. 薰陶 (熏陶)

47. 亲睐 (青睐)

48. 不径而走 (不胫而走)

49. 别出心裁 (别出心裁)

50. 犹为人称道 (尤为人称道)

51. 至高点 (制高点)

52. 入目三分 (入木三分)

53. 针贬 (针砭)

54. 真缔 (真谛)

55. 震聋发聩 (振聋发聩)

56. 独辟溪径 (独辟蹊径)

57. 出奇致胜 (出奇制胜)

58. 编缉 (编辑)

59. 追赶热点? (追赶热点,)

60. 一直以来便有 (对此一直有)

61. 唇枪舌战 (唇枪舌剑)

62. 争论不己 (争论不已)

63. 反应 (反映)

64. 馈乏 (匮乏)

65. 星急火燎 (心急火燎)

66. 趋之若鹜 (趋之若鹜)

67. 误入岐途 (误入歧途)

68. 令人堪忧 (令人担忧)

69. 辨证 (辩证)

70. 象长颈鹿一样 (像长颈鹿一样)

71. 如同邯郸那样, 跟着别人学步 (如同邯郸学步)

72. 予见热点 (预见热点)

73. 海蛰 (海蜇)

74. 烤夫 (烤麸)

75. 烤夫, (烤麸、)

76. 酸缸豆 (酸豇豆)

77. 糖罗卜 (糖萝卜)

78. 里肌 (里脊)

79. 扁鱼 (鳊鱼)

80. 蓊菜 (蕹菜)

81. 面巾 (面筋)

82. 哈蜜瓜 (哈密瓜)

83. 弥猴桃 (猕猴桃)

84. 酒酿园子 (酒酿圆子)

85. 橱师 (厨师)

86. 状告法院 (告于法院)

87. 对薄公堂 (对簿公堂)

88. 斟误本 (勘误本)

89. 是真是假? (是真是假。)

90. 兴灾乐祸 (幸灾乐祸)

91. 瑕不掩玉 (瑕不掩瑜)

92. 孰不知 (殊不知)

93. 既使 (即使)

94. 形像 (形象)

95. 自持经验丰富 (自恃经验丰富)

96. 遗撼 (遗憾)

97. 遗撼。(遗憾;)

98. 有所动作 (有所改变)

99. 仝人 (同人)

100. 一诺千斤 (一诺千金)

101. 苍海 (沧海)

102. 永往直前 (勇往直前)

指路

1. "星期6" 改为 "星期六"。星期几不用阿拉伯数字。

2. "20几岁" 改为 "二十几岁"。"几" 不和阿拉伯数字连用。

3. "风尘扑扑" 改为 "风尘仆仆"

4. "不知道去图书馆的路该怎么走？" ——非疑问句不用问号。

5. "邻近年底" 改为 "临近年底"。

6. "廖廖无几" 改为 "寥寥无几"。

7. "拎着行礼" 改为 "拎着行李"。

8. "和霭可亲" 改为 "和蔼可亲"。

9. "走到一个十字路口，左拐；再继续向前，走到第二个十字路口，还是左拐，图书馆就在靠右手边。"——"还是左拐"
后应用句号。

10."松驰"改为"松弛"。

11."几乎消失殆尽"——语意重复。

12."孰不知"改为"殊不知"。

13."一、二十"——概数不加顿号。

14."公尺"——计量单位不应用旧称。

15."你停一停"！——叹号在引号内。

16."迟迟疑疑得"改为"迟迟疑疑地"。

17."带鸭舌帽"改为"戴鸭舌帽"。

18."为什么把该怎么走不当场告诉我呢？"——"不"应放
在"把"字之前。

19."不尽人情"改为"不近人情"。

20."不仅是……不仅是……而是"——关联词语搭配不当，
"而是"应为"而且是"。

"不淋一人"淋几人

1."一颗"改为"一棵"。

2."不淋一人。'"改为"不淋一人'。"。

3."无畏"改为"无谓"。

4."唇枪舌战"改为"唇枪舌剑"。

5. "既然"改为"即便"。

6. "难道可以"改为"难道不可以"。

7. "面面相虚"改为"面面相觑"。

8. "切记"改为"切忌"。

9. "遮敝"改为"遮蔽"。

10. "真像"改为"真相"。

朱光潜先生二三事

1. 为什么叫"孟实"？——问号改逗号

2. 排行第一；——分号改句号

3. 坚实，踏实——逗号改顿号

4. 《经济学——哲学手稿》——两字连接号改一字连接号

5. 气温骤降、大雪纷飞——顿号改逗号

6. 四、五针——删去顿号

7. 探望他的人，推开——删去逗号

8. "……摸过我的头呢"！——叹号在引号内

9. 甚至讨论过：——删去冒号

10. 平静地说：——冒号改逗号

刘邦斩白蛇

1. "嬴政"改为"嬴政"。

2. "一愁莫展"改为"一筹莫展"。

3. "既使"改为"即使"。

4. "廖廖无几"改为"寥寥无几"。

5. "杀生"改为"杀身"。

6. "无赖"改为"无奈"。

7. "草管人命"改为"草菅人命"。

8. "杀戳"改为"杀戮"。

9. "豪气充天"改为"豪气冲天"。

10. "气慨"改为"气概"。

11. "崇山"改为"崇山"。

12. "峻林"改为"峻岭"。

13. "抱复"改为"抱负"。

14. "天翻地复"改为"天翻地覆"。

15. "披糜"改为"披靡"。

16. "拔剑"改为"拔剑"。

17. "骄健"改为"矫健"。

18. "倾刻"改为"顷刻"。

19. "出奇不意"改为"出其不意"。

20. "陨命"改为"殒命"。

21. "楞住"改为"愣住"。

22. "震憾"改为"震撼"。

23. "佩服地"改为"佩服得"。

24. "不径而走"改为"不胫而走"。

25. "声名雀起"改为"声名鹊起"。

26. "顶顶大名"改为"鼎鼎大名"。

27. "竞然"改为"竟然"。

28. "走头无路"改为"走投无路"。

29. "食不裹腹"改为"食不果腹"。

30. "迫不急待"改为"迫不及待"。

吴冠中"烧楼"

1. "大名顶顶"改为"大名鼎鼎"。

2. "标干"改为"标杆"。

3. "暇疵"改为"瑕疵"。

4. "19世纪50年代"改为"20世纪50年代"。

5. "熔于一炉"改为"付之一炬"或"烧毁"等。

6. "一副《巴黎蒙马特》"改为"一幅《巴黎蒙马特》"。

7. "不以为然"改为"不以为意"。

8. "婉惜"改为"惋惜"。

9. "更加弥足珍贵"改为"更加珍贵"或"弥足珍贵"。

10. "等……"改为"等。"。

赵氏孤儿

1. "震憾"改为"震撼"。
2. "战国"改为"春秋"。
3. "殉难？"改为"殉难。"或"殉难，"。
4. "生死悠关"改为"生死攸关"。
5. "调包记"改为"调包计"。
6. "含辛如苦"改为"含辛茹苦"。
7. "骄健"改为"矫健"。
8. "洗涮"改为"洗刷"。
9. "谦疚"改为"歉疚"。
10. "传诵"改为"传颂"。

时间管理

1. "一支"改为"一只"。
2. "一口同声"改为"异口同声"。
3. "或者"改为"还是"。
4. "鸦鹊无声"改为"鸦雀无声"。
5. "颌首微笑"改为"颔首微笑"。
6. "大姆指"改为"大拇指"。
7. "夸耀"改为"夸奖"。
8. "儒子可教"改为"孺子可教"。

9. "喜笑眼开"改为"喜笑颜开"。

10. "满意地说道："改为"满意地说道，"。

共享单车到曼城

1. "低炭"改为"低碳"。

2. "外型"改为"外形"。

3. "亲睐"改为"青睐"。

4. "风糜"改为"风靡"。

5. "登录"改为"登陆"。

6. "眩车"改为"炫车"。

7. "热钟于"改为"热衷于"。

8. "竞然"改为"竟然"。

9. "物价高胀"改为"物价高涨"。

10. "只须50便士"改为"只需50便士"。